生活·讀書·新知 三联书店

星云法语

04

如何渡难关

智慧

星云大师 著

图书在版编目(CIP)数据

如何渡难关:智慧/星云大师著. —北京:生活·读书·新知三联书店，2015.5

（星云法语）

ISBN 978 - 7 - 108 - 05223 - 0

Ⅰ.①如…　Ⅱ.①星…　Ⅲ.①佛教－人生哲学－通俗读物　Ⅳ.①B948 - 49

中国版本图书馆 CIP 数据核字(2015)第 020165 号

责任编辑　罗　康

封面设计　储　平

责任印制　卢　岳　张雅丽

出版发行　生活·讀書·新知 三联书店

　　　　　（北京市东城区美术馆东街 22 号）

邮　　编　100010

印　　刷　三河市嘉科万达彩色印刷有限公司

版　　次　2015 年 5 月北京第 1 版

　　　　　2015 年 5 月北京第 1 次印刷

开　　本　880 毫米×1230 毫米　1/32　印张　7.625

字　　数　160 千字

印　　数　00,001—12,000 册

定　　价　28.00 元

总序　十把钥匙

星云大师

　　《星云法语》是我在台湾电视公司、"中国电视公司"、"中华电视公司"三十年前的"三台时代"，为这三家电视台所录像的节目。后来在《人间福报》我继《迷悟之间》专栏之后，把当初在三家讲述的内容，再加以增补整理，也整整以三年的时间，在《人间福报》平面媒体与读者见面。

　　因为我经年累月云水行脚，在各地的佛光会弘法、讲说，断断续续撰写《星云法语》，偶有重复，已不复完全记忆。好在我的书记室弟子们，如满义、满观、妙广、妙有、如超等俄而提醒我，《人间福报》的存稿快要告罄了，由于我每天都能撰写十几则，因此，只要给我三五天的时间，我就可以再供应他们二三个月了。

　　像这类的短文，是我应大家的需要在各大报纸、杂志上刊登，以及我为徒弟编印的一些讲义，累积的总数，已不下两千万字了。《星云法语》，应该说是与《迷悟之间》、《人间万事》同一性质的短文，都因《人间福报》而撰写。承蒙读者鼓励，不少人希望结集成书，香海文化将这些文章收录编辑，文字也有百余万字，共有十集，分别为：一、精进；二、正信；三、广学；四、智慧；五、自觉；六、正见；

七、真理；八、禅心；九、利他；十、慈悲。

这套书在《人间福报》发表的时候，每篇以四点、六点，甚至八点阐述各种意见，便于记忆，也便于讲说，有学校取之作为教材。尤其我的弟子、学生在各处弘法，用它作为讲义，都说是得心应手。

承蒙民视电视台也曾经邀我再比照法语的体裁，为他们多次录像，并且要给我酬劳。其实，只要有关弘法度众，我都乐于结缘，所以与台湾的四家无线电视台都有因缘关系。而究竟《星云法语》有多大的影响力，就非我所敢闻问了。

承蒙知名学者李家同教授、洪兰教授、台中胡志强市长，以及善女人赵辜怀箴居士，为此套书写序，一并在此致谢。

是为序。

于佛光山开山寮

推荐序一　宗教情怀满人间

李家同

星云大师的最新著作《星云法语》十册套书，香海文化把部分的文稿寄给我，邀我为序。8月溽暑期间，我自身事务有些忙碌；但读着文稿里星云大师的话，却能感觉到欢喜清凉。

《星云法语》里面有一篇我很喜欢，其中写道："要有开阔包容的心胸、要有服务度生的悲愿、要有德学兼具的才华、要有涵养谦让的美德。"

多年来我从事教育工作，希望走出狭义的精英校园空间，真正帮忙各阶层弱势学生。看着莘莘学子，我想我和星云大师的想法很接近吧，就是教育一定要在每个角落中落实，要让最弱势的学生，能个个感受到不被忽略、不受到城乡资源差别待遇。

青年教育的目的，不就是教育工作者，希望能教养学生，成为气度恢弘的国民吗？

为勉励青年，星云大师写下"青年有强健的体魄，应该发心多做事，多学习，时时刻刻志在服务大众，念在普度众生，愿在普济社会"。

星云大师的话，让我想起《圣经》里的箴言：

"有了信心，又要加上德行；有了德行，又要加上知识；有了知识，又要加上节制；有了节制，又要加上忍耐；有了忍耐，又要加上虔敬；有了虔敬，又要加上爱弟兄的心；有了爱弟兄的心，又要加上爱众人的心。"(《圣经·彼得后书》)

宗教情怀，就是超越一切的普济精神。人间的苦难，如果宗教精神无以救济，那么信仰宗教毫无意义。不论是佛陀精神，或是基督精神，以慈爱的心处世，我想原则上没有什么不同。尤其是青年人，更应细细体会助人爱人的真谛，在未来起着社会中坚的作用。这样，我们现在办的教育，才真正能教养出"德学兼具"的青年，让良善能延续，社会上充满不汲汲于名利，助人爱人的和谐气氛。

香海文化出版的《星云法语》，收录了精彩法语共计 1080 篇，每一篇均意味深长，适合所有人用以省视自己，展望未来。"现代修行风"不分基督、佛陀，亲切的圣人教诲，相信普罗大众都很容易心领神会。

如今出版在即，特为之序。

（本文作者为台湾暨南大学教授）

推荐序二　安心与开心

洪　兰

　　在乱世，宗教是人心灵的慰藉，原有的社会制度瓦解了，一切都无法制、无规章，人民有冤无处伸，只有诉诸神明，归诸天意，以求得心理的平衡。所以在东晋南北朝时，宗教盛行，士大夫清谈，把希望寄托在另一个世界。历史证明那是不对的，这是一种逃避，它的结果是亡国。智者知道对现实的不满应该从改正不当措施做起，众志可以成城，人应该积极去面对生命而不是消极去寄望来生。星云大师就是一个积极入世的大师，他在海内外兴学，风尘仆仆到处弘法，用他的智慧来开导世人，他鼓励信徒从自身做起，莫以善小而不为，当每个人都变好时，这个社会自然就好了。这本书就是星云大师的话语集结成册，印出来嘉惠世人。

　　人在受挫折、有烦恼时，常自问：人生有什么意义，活着干什么？大师说，人生的意义在创造互惠共生的机会，这个世界有因你存在而与过去不同吗？科学家特别注重创造，就是因为创造是没有你就没有这个东西，没有莫扎特就没有莫扎特的音乐，没有毕加索就没有毕加索的画，创造比发现、发明的层次高了很多，人到这个世上就是要创造一个双赢的局面，不但为己，也要为人。英文谚语有一句：Success is when you add the value to yourself. Significance is when you add the value to others. 只有对别人也有利时，你的成功才是成功。所以大师说，生命在事业中，不在岁月上；在思想中，不在气息上；在感觉中，不在时间上；在内涵中，不在表相上。这是我所看到谈生命的意义最透彻的一句话。

挫折和灾难常被当作上天的惩罚，是命运的错误；其实挫折和灾难本来就是人生的一部分，不经过挫折我们不会珍惜平顺的日子，没有灾难不会珍惜生命。人是高级动物，是大自然中的一分子，不管怎么聪明、有智慧，还是必须遵行自然界的法则，所以有生必有死，完全没有例外。但是人常常参不透这个道理，历史上秦始皇、汉武帝这种雄才大略的人也看不到这点，所以为了求长生不老，倒行逆施，坏了国家的根基，反而是修身养性的读书人看穿了这点。宋代李清照说"今手泽如新，而墓木已拱……然有有必有无，有聚必有散，乃理之常。人亡弓，人得之，又胡足道"。看透这点，一个人的人生会不一样，既然带不走，就不必去收集，应该想办法去用有限的生命去作出无限的功业。

一个入世的宗教，它给予人希望，知道从自身做起，不去计较别人做了什么，只要去做，世界就会改变。最近有法师用整理回收物的方式带信徒修行，他不要信徒捐献金钱，但要他们捐献时间去回收站做义工，从行动中修行。我看了这个报道真是非常高兴，因为研究者发现动作会引发大脑中多巴胺（dopamine）这个神经传导物质的分泌，而多巴胺跟正向情绪有关，运动完的人心情都很好，一个跳舞的人即使在初跳时，脸是板着的，跳到最后脸一定是笑的。所以星云大师劝信徒，从动手实做中去修行是最有效的修行，对自己对社会都有益。

在本书中，大师说生活要求安心，心安才能体会人生的美妙，才听得到鸟语，闻得到花香，所以修行第一要做到心安，既然人是群居的动物，必须要和别人往来，因此大师教导我们做人的道理，列举了人生必备的 10 把钥匙，书的最后两册是要大家打开心胸，利他与慈悲，与一句英谚 You can give without loving, you can never love without giving 相呼应。不论古今中外，智者都看到施比受更有福。

希望这套书能在目前的社会中为大家浮躁的心灵注入一股清泉，人生只要心安，利人利己地过生活，在家出家都一样在积功德了。

（本文作者为台湾阳明大学神经科学研究所教授）

推荐序三　法钥匙神奇的佛

胡志强

星云大师，是我一直非常尊敬与佩服的长者。

长久以来，星云大师所领导主持的佛光山寺与国际佛光会，闻声救苦，无远弗届，为全球华人带来无尽的希望与爱。

大师的慈悲智慧与宗教情怀，让许多人在彷徨无依时，找到心灵的依归。另一方面，我觉得大师潇洒豁达、博学多闻，无论是或不是佛教徒，都能从他的思想与观念上，获得启迪。

星云大师近期出版的《星云法语》，收录了大师 1080 篇的法语，字字珠玑，篇篇隽永。

我很喜欢这套书以"现代佛法修行风"为诉求，结合佛法与现代人的生活，深入浅出地阐释。尤其富有创意的是，以十册"法语"打造了十把"佛法钥匙"，打开读者心灵的大门，带领我们从不一样的角度，去发现与体会生活中的点点滴滴。

以《旅游的意义》这篇文章为例：

"……就像到美国玩过，美国即在我心里；到过欧洲度假，欧洲也在我心里，游历的地区愈丰富，就愈能开阔我们的心灵视野。

当我们从事旅游活动时，除了得到身心的纾解，心情的愉悦之外，还要进一步获得宝贵的知识。除了外在的景点外，还可以增加一些内涵，作一趟历史文化探索之旅，看出文化的价值，看出历史的意义。

比方这个建筑是三千年前，它历经什么样的朝代，对这些历史文化能进一步赏析后，那我们的生命就跟它连接了。"

"我们的生命就跟它连接了"这句话，让我印象十分深刻，生动描述了"读万卷书，行万里路"，正是一种跨越时空的心灵宴飨。

在《快乐的生活》一文中，大师指点迷津。他说："名和利，得者怕失落，失者勤追求，真是心上一块石头，患得患失，耿耿于怀，生活怎么能自在？"

因此"身心要能健康，名利要能放下，是非要能明白，人我要能融和"。

在《欢喜满人间》这篇文章中，大师指出：人有很多心理的毛病，例如忧愁、悲苦、伤心、失意等。佛经形容人身难得如"盲龟浮木"，一个人在世间上一年一年地过去，如果活得不欢喜，没有意义，那又有什么意思？如何过得欢喜、过得有意义？

他提出几点建议："要本着欢喜心做事，要本着欢喜心做人，要本着欢喜心处境，要本着欢喜心用心，要本着欢喜心利世，要本着欢喜心修行。"

看到此处，我除了一边检视自己在日常生活中做到了多少？另一方面，也希望把"欢喜心"的观念告诉市府同仁，期许大家在服务市民时认真尽责之外，还能让民众体会到我们由衷而发的"欢喜心"。

而《传家之宝》一篇中所提到的观点，也让为人父母者心有戚戚焉。

大师说：一般父母，总想留下房屋田产、金银财富、奇珍宝物给子女，当作是传家之宝；但是也有人不留财物，而留书籍给予子女，或是著作"家法""庭训"，作为家风相传的依据。乃至禅门也有谓"衣钵相传"，以传衣钵，作为丛林师徒道风相传的象征。

他认为"传家之宝"有几种：包括宝物、道德、善念与信仰。到了现代，书香、善念、道德、信仰更可以代替钱财的传承，把宗教信仰传承给子弟，把善念道德传给儿孙，把教育知识传给后代。

"人不能没有信仰，没有信仰，心中就没有力量。信仰宗教，如天主教、基督教、佛教等，固然可以选择，但信仰也不一定指宗教而已，像政治上，你欢喜哪一个党、哪一个派、哪一种主义，这也是一种信仰；甚至在学校念书，选择哪一门功课，只要对它欢喜，这就是一种信仰。有信仰，就有力量，有信仰，就会投入。能选择一个好的宗教、好的信仰，有益身心，开发正确的观念，就可以传家。"

细细咀嚼之后，意味深长，心领神会。

星云大师一千多篇好文章，深刻而耐人寻味，我在此只能举出其中几个例子。很感谢大师慷慨分享他的智慧结晶，让芸芸众生也有幸获得他的"传家之宝"。

在繁忙的生活中，每天只要阅读几篇，顿时情绪稳定、思考清明、心灵澄静。有这样的好书为伴，真的"日日是好日"！

（本文作者为台中市市长）

推荐序四　人生的智慧和导航

赵辜怀箴

我一直感恩自己能有这个福报，多年来能跟随在大师的身边，学习做人和学习佛法。每一次留在大师身边的日子里，都可以接触到许多感动的心，和感动的事；每一次都会让我感觉到，这个世界真的是非常的可爱。

大师说：他的一生就是为了佛教。这么多年来，大师就这样循循地督促着自己，为此，马不停蹄地一直在和时间做竞跑。大师的一生，一向禀持着一个慈悲布施、以无为有的胸怀，做大的人，做大的事。如果想要问大师会不会和我们一样斤斤计较？我想他唯一真正认真计较的事，就是，对每一天的每一分和每一秒吧！

在大师的一生里，大师从来不允许自己浪费任何一分一秒的时间；无论是在跑香、乘车、开会、会客或者进餐；大师永远都是人在动，心在想，手在做，眼观六路，耳听八方，把1分钟当10分钟用；在高效率中不失细腻，细腻中不失大局，大局中不失周全；周全里，充满了的是大师对每一个人无微不至的关怀和体贴。

大师自从出家以来，只要是为了弘法，大师从来不会顾及自己的健康和辛苦，数十年如一日，南奔北走，不辞辛劳地到处为信徒开示演讲；只要有多余的时间，大师就会争取用来执笔写稿；年轻时也曾经为了答应送一篇文稿给出版社，连夜乘坐火车，由南到北。大师从年轻时就非常重视文化事业，大师也坚信用文字来度众生的重要。大师一生一诺千金，独具宏观，不畏辛苦，忍辱负重，在佛教界树立了优良的榜样，对现代佛教文化事业得以如此的发达，具有相当肯定的影响力。到目前为止，大师出版的中英文书籍，已经不下数百本。

记得在20世纪60年代的时候，大师鉴于电视弘法不可忽视的力量，即刻决定要自己出资，到电视公司录制作晚上8点档的《星云法语》，使其成为台湾第一个在电视弘法的节目。我记得大师的《星云法语》是在每天晚间新闻之后立即播出，播出的时间是5分钟，节目的制作，既"精"又"简"。节目当中，配合着简单明了的字幕，听大师不急不缓地娓娓道来，让观众耳目一新，身心受益。

这个节目播出之后，立即受到广大观众的喜爱和回响。大师告诉我，在节目播出之后不久，由于收视率很好，电视公司自动愿意出资，替大师制作节目；大师从此不但有了收入，也因此多了一个电视名主持人的头衔。这个《星云法语》的电视节目，也就是今天所出版的《星云法语》的前身。

佛光山香海文化公司精心收录的《星云法语》即将出版。这一条佛法的清流，是多年来星云大师为了这个时代人心灵的需求，集思巧妙地运用生活的佛教方式，传授给我们无边的法宝。每一篇，每一个法语，星云大师都透过对细微生活之间的体认，融合了大师在佛法上精深的修行智慧。深入浅出地诠释，高明地把佛法当中的精要，很自然地交织在生活的细致之间，用生活的话，明白地说出现代佛法的修行风范，让读者有如沐浴在法语春风之中的感觉，很自然地呼吸着森林里散发出来的清香，在每一个心田里默默地深耕着。等待成长和收割的喜悦，沐浴着太阳和风，是指日可待的。

今承蒙香海文化公司的垂爱，赐我机会为《星云法语》套书做序，让我实在汗颜；几经推辞，又因香海文化公司的盛情难却，只有大胆承担，还请各位前辈、先学指正。我在此恭祝所有《星云法语》的读者，法喜充满。

（本文作者为国际佛光会世界总会理事）

目　录

卷一　思想津梁

卷四　教导后学

西谚有云："建立正确的见解，是对抗错误的防腐剂。"因此，有正确的思想，才有正确的人生观。

有了正确的人生观，才不会迷失，才能健全人格。

思想成业

人，天生异禀固然很好，但是如孔子的学生曾参，虽然在学习上较为愚钝，但是他以"别人做一次，自己做十次"来鞭策自己，而且每天反省自己的过失，最后终获"宗圣"的美誉。由此可知，有了勤奋的毅力、有了远大的志向，终能步向臻善的人生；最怕的是凡事不肯用心，最后只有与草木同腐朽。所以人世间的物理与事理，甚至人生哲理尽在思虑之中，有了正确的思想，才能带你趋向臻善的人生，以下就来谈谈"思想成业"：

第一，水不动者河不清

《春秋》云："流水不腐，户枢不蠹"，流水如果不流动，就如一滩发臭的死水，水必须流动才能清净。钱财也是一样，用了才能发挥钱币的价值，否则黄金藏在床底下，其实就跟石头一样。

人也是如此，人的思想、知识，都要不断地更新，生活形态也要常有变化，人际关系也要常有往来，如此才不会故步自封，才能与时俱进而不会被时代所淘汰。

第二，志不强者智不达

很多人常常从小就立定志向，我要做一位工程师、我要做个航天员、我要做一位老师、我要成为医师……但是历经岁月的流逝，在不经意中我们很快就会忘记了自己所立定的志向。王守仁说："凡学之不勤，必其志之未笃也。"一个有刚毅之志的人，为了达到目标，必定会不断地克服逆境、突破难关；而一个立志不坚的人，则容易被外物左右其志向，因此，所学必定不能成就。

第三，言不信者行不果

孔子说："人而无信，不知其可也！"一个人如果说话不守信用，承诺的事情不能兑现，他的所行所为一定不会受到肯定，也不会有结果。自己的信用一旦破产，今后不管讲什么话，人家都不会再相信，也不会采纳。所以，"一诺千金""一言既出，驷马难追"，做人要讲信用。

第四，心不思者业不成

人是有思想的动物，一个人如果平时不肯动脑筋思考、不肯探究事情的道理，所谓"学而不思则殆"，自然学业、事业都不能有所成就。佛教讲"以闻思修而入三摩地"，又说"大疑大悟，小疑小悟，不疑不悟"。所以，一个人不管在学业、事业、道业上要想有所成就，凡事要用心思考；能够深思熟虑，才能深入问题，才能懂得改进，才能让自己更进步。

一个人的想法正不正确，是决定成不成功的重要因素，人生就是一堂不断学习的课程，不要轻易说"不"，在行为、心念上，更不要有否定的、负面的思考与行为，所以，"思想成业"，值得深思。

思想津梁

佛教主张，人生处世最重要的是奉行八正道，就是正见、正思、正语、正业、正命、正精进、正念、正定。当中的正思是人生旅途中一个很重要的关键，人在生起邪的或恶的思想时，只在一念之间，一念之差终将万劫不复。因此，怎么样才有正思呢？以下提供四点"思想津梁"：

第一，家贫应思良策

家中贫困，有什么好的方法可以解决呢？应该要懂得勤奋。一个懒惰的人，是永远不会成功的。俗语说："懒惰生艰难，苟安生苦楚"，所以做人应该勤劳奋发，努力生产，但不可从事不合道德的行业。只要能克勤克俭、开源节流，能量入为出、支出有度，则能改善家庭生活。除此之外，如富兰克林说："有一门手艺，就等于有一份产业。"发掘自己的专才，也是解决家贫的良策之一。

第二，国乱应思忠臣

国家社会秩序混乱了，处于内忧外患的局势时，政府的领导人应该要用人无私，力请一些忠臣良士，集思广益，出谋献略，千万不可刚愎自用，要有接受谏言的雅量，同时广征天下良才而重用之。

所谓"疑人不用，用人不疑"。在招贤纳士之时，要能既往不咎，才能亲疏威服，如唐太宗的知人善任，才能造就声威远播的贞观之治；又如周武王，接受太公的谏言，对前朝遗族既往不咎，才能成为历史的盛世。

第三，危急应思善友

假如你遭逢危难之际，除了家人以外，还有什么人能帮你呢？当然是善友。英国哲学家培根说："友谊的作用是：如果你把一个快乐告诉朋友，你将得到两个快乐；如果你把忧愁向一个朋友倾吐，你的忧愁将被分掉一半。"所以，善友是能帮助你远离邪途，是可以让你道德知识增长的；在困难危急之时，应该请求善友的协助。

第四，枉误应思正法

假如你被人冤枉，被人误会了，不必怨天尤人，应该要有正确的想法来纾解心中的不满。什么是正确的想法呢？例如认识因果法则，知道凡事都有因果关系，自己所受的果报，必有其来由；懂得因缘所生法，就不会一味怨怪别人。另外也可以自我解嘲，就当成是因为自己优秀才会遭人诽谤，如伊索说："最有价值之人，最易被人诽谤；最鲜美的果实，最易被鸟啄食。"如此一想，自能释怀，而不致茶饭不思，放心不下了。

西谚有云："建立正确的见解，是对抗错误的防腐剂。"因此，有正确的思想，才有正确的人生观；有了正确的人生观，才不会迷失，才能健全人格。

举止的典范

什么是典范？典范是一种引领思考的方向，一种未来人生的光明指标。树立典范者，他们洞察思潮趋势，怀抱热情献身事业，进而追求智慧，不断超越，鼓舞并启发后人。而我们的举止上，该为自己树立什么典范呢？提出以下四点意见：

第一，思想是智慧的化身

人要有思想，没有思想，就和机械、草木一样，不是活的，而是死的。但是，所思所想什么内容呢？要真、要善、要美、甚至是要有智慧的。你看，过去三教九流学说，带给当时百花齐放的思想热潮；佛陀、耶稣、穆罕默德等宗教家，各宗各派，他们的智慧、慈悲、教化，给予众生依靠、解脱。有思想，才有独立的思考及判断的智慧，解决人生各种问题。

第二，道德是行为的典范

儒家的忠孝节义、仁爱和平，是道德，佛教讲五戒、十善、四摄、六度、八正道，也是道德；这些道德，是行为的典范，我们所行所为，依着这许多典范，可以作为我们的标准，医治我们贪嗔大病的良药，能令我们身心清净，道德臻于圆满，在人生的道路上，才不致迷失方向。

第三，进取是成功的象征

一个人不断的进修，朝向目标努力，勇猛精进，将来必定成功。汉朝董仲舒，立志向学，三年不窥园，终成一代名儒学者；晋朝王羲之，临池磨砚，写完一缸水，成就旷古书法大家。又如过去的读书人："十年寒窗无人问，一举成名天下知。"靠的就是他的进取，积极进取，不断向上，不断向前的人生观，是成功的不二法门。

第四，谦虚是处世的原则

做人谦虚是美德，而谦逊有礼、虚怀若谷更是成功的要素。孔子学富五车，犹"入太庙，每事问"；赵州禅师高龄八十，到处云游行脚，向年轻禅者问道，世人不夸青年僧的成就，反而尊重赵州禅师谦虚。何况一般平凡之人，更要懂得在生活的细微处，待人以诚，处世以谦，自然能够圆融处事。

文天祥在《正气歌》中说："哲人日已远，典型在夙昔。风檐展书读，古道照颜色。"一个人举止动静，思想言行，都可以是一个典范。

尊重的真义

人际之间一旦失去"尊重"，容易衍生子不孝、弟不恭、友不义等问题。如何将"尊重"落实于人际生活呢？以下提供四点：

第一，对长辈间的尊重是孝

孝，是众德之本，是培养人格的胚胎。《孝经》上说："孝者，天之经也，地之义也。"自古圣贤一向以孝来修身、持家、治天下，如亲尝汤药、百里负米、戏彩娱亲、扇枕温衾，此等行径，便是以"孝"展现对长辈的尊重之心。

第二，对男女间的尊重是爱

"爱不重不生娑婆"，男欢女爱本属自然，但情爱如水，能载舟也能覆舟，运用得当，则不失为增上的力量；若为"爱"所困，则易产生是非恩怨。纵观社会，因爱不得而痛苦，而自杀或他杀、泼硫酸，以致家庭破裂，甚至酿成社会问题的不胜枚举。感情必须建立在双方的互爱及尊重上，才可以维持长久。

第三，对亲人间的尊重是义

《礼记》中提到："父慈、子孝、兄良、弟悌、夫义、妇听、长惠、幼顺、君仁、臣忠十者，谓人之义。"在人伦关系里，每个人都有自己的责任与义务；彼此之间，都是双向负责的关系。因此，亲人之间，除了相亲相爱，还要相互信任、相互尊重，才能和谐共存。

第四，对师友间的尊重是道

佛教的伦理，是"先进山门为师兄"，以"先受戒者在前座"，表示尊重之意；朋友之间以"同参道友"互称，代表彼此在道业、学业上互相砥砺的法爱。

翻开史册，伯牙与钟子期的情谊、舍利弗与目犍连的道情，都是建立在彼此的尊重上，才能历久弥新。韩愈以为："师之所存，道之所存也。"西汉《礼记》亦云："师严，而后道尊。"可见重道即是对师友尊重的一种具体表现。

第五，对众生间的尊重是仁

孔子曾问宓子贱，单父百姓为何如此拥戴他？宓子贱说："我视老者如己父，看待孩童如己之子，抚恤孤寡，哀悼丧纪。"宓子贱以"仁心"尊重单父百姓，而获得百姓投桃报李之心。人际之间，以仁心为互动的桥梁，就能赢得尊重。

尊重之心，是现今社会最缺乏的，所以杀盗掳掠才会层出不穷。如果人人讲孝、讲爱、讲义、讲道、讲仁，就是对师长、对亲友、对众生的尊重，人人都能相互尊重，社会自然安乐祥和了。

仁义礼智

儒家讲三纲五常，讲究君臣、父子、夫妇、兄弟、朋友五种伦理，重视仁、义、礼、智、信的德性五常之道。佛教讲五戒，戒杀盗淫妄酒，重视从自身的行持到人际关系，扩充至与其他众生的相处。五常、五戒名称虽异，精神却无二致。只要守住五戒，即能落实仁义礼智信五常的实践：

第一，仁，要怜惜伤痛

五戒中的"不杀生"就是仁的具体表现。上天有好生之德，不仅不杀生，而且要护生，要怜惜他人的伤痛。对受天灾蹂躏地区伸出援手，如台湾"9·21"震灾、救济南亚海啸之难等，对贫病者施以医药，让健康的人出钱，为穷苦的人治病，这些都是仁的实践。我们不仅称念"救苦救难观世音"，自己也要学习做"救苦救难"的观世音菩萨。

第二，义，要羞耻憎恶

凡是非分的，都不希求；所有不当的行为，都应戒除。佛教五戒中的"不偷盗"就是义。不仅不偷别人有形的财物，连会损及他人名声、利益的事，也要戒除不做；对于会损及自己品格的恶行恶事，也要戒慎恐惧地防范。《礼记》说："知耻近乎勇"，若能知耻憎恶，即能近义。

第三，礼，要谦辞退让

佛教的"不邪淫"戒，就是尊重别人，不侵犯他人的身体。女性遭到侵害，时有所闻，家庭暴力尤其令人遗憾，同吃一锅饭的家人，有何天大的仇恨要相互凌迟？社会的暴力现象，动不动就操刀子挥棍棒，伤人性命，也是不懂尊重他人。富裕却无礼的社会不值得骄傲，唯有大家都知谦恭退让，才令人称羡。

第四，智，要辨别是非

《孟子·公孙丑》说："是非之心，智之端也。"有智慧就能明辨是非。佛教讲"不饮酒"戒，就是强调要过智慧的生活。除了不饮酒，吗啡、海洛因、摇头丸等等毒品也不能沾染。喝酒、吸毒不仅戕害身体，还会惑乱心智，整天喝得醉醺醺的，毒品吃得糊里糊涂、精神涣散，哪能明辨是非善恶？

古人说："仁谊（义）礼知信五常之道。"仁义礼智并非抽象的名词，而是可以在生活中实践的。只要遵守佛教之五戒，即能逐步成为具足"仁、义、礼、智"的君子。

好习惯

有谓"入芝兰之室，久而不闻其香""入鲍鱼之肆，久而不闻其臭"，可见习惯对人的影响之大。好的习惯，有助于善心的增长；坏的习惯，则有损自身的修养，因此，在生活中，应积极摒弃坏习惯，培养好习惯。什么是"好习惯"？提供四点意见：

第一，能守时不浪费时间

一个社会、团体懂得守时，必定具备良好的秩序与效率；一个人懂得守时，必定为人所尊敬，拥有成功的钥匙。哲学家康德说："守时是最大的礼貌。"约会守时，是一种尊重，一种信用；工作守时，是一种责任，一种担当；生活守时，是一种积极，一种护生。守时可以成就大事，懂得掌握时间的人，就拥有了人生！

第二，能守分不冒失犯上

《朱子家训》言："读书志在圣贤，为官心存君国，守分安命，顺时听天。"《唐律》也规定官吏应小心谨慎，安分守己，做好本职工作。一个人，身为学生，要尊重老师；身为部属，要尊重长官；身为子女，要尊重父母，懂得守分伦理，就不会越位逾矩，冒失犯上。

第三，能守忍不情绪冲动

《百喻经》有一则譬喻：有一个人家，客人来访，父亲吩咐儿子上街买酒菜。儿子许久未归，于是父亲上街寻找，却发现儿子正与一人在桥上僵持不下。原来，双方因为挡住彼此的去路，谁也不肯退让。父亲上前说："儿子！你先将酒菜带回去，换我来跟他对一对，看看究竟谁让谁？"人往往不能小忍，让情绪失控，失却自身的身份立场，甚至酿成更大的损失与伤害。苏洵说："一忍可以支百勇，一静可以制百动。"唯有守忍，忍之于口，忍之于面，忍之于心，心中的世界才能更宽广。

第四，能守道不丧失人格

"君子爱财，取之有道"，"道"就是一种自尊、自爱、自立、自强的人格表现。佛教中，持戒是正道，慈悲是正道，布施是正道；为人处世，也有"安贫守道""正己守道""立身行道"。伯夷和叔齐耻食周粟，饿死在首阳山，就是一种守道。为人处事，好比汽车有车道，火车有轨道，飞机有航道，人有人行道，都有彼此的"道"，正规正矩者，自然不会失格丧道。

成就大人者，均由小处着手，守时、守分、守忍、守道，点点滴滴培养好习惯，才能受人尊重、欣赏，进而圆满人格，成就大事。

两极的看法

《庄子》教我们如何观察人："远使之而观其忠；近使之而观其敬；烦使之而观其能；卒然问焉而观其知。"在此提出四项鉴人之法，供我们分辨出人际间的是非善恶、好坏得失：

第一，一生一死，即知交情

有些人特别有人缘，朋友遍四海。但是，在热闹风光中，看似情投意合、肝胆相照的朋友，也不见得是真交情。

当你经历生死难关，碰到艰难逆境或落拓潦倒时，还能不离不弃、患难与共的朋友，才是真交情。

第二，一贫一富，即知交态

汉武帝时，汲黯在朝中当大官，每天拜访他的客人很多。后来他因罪罢官，门前冷落，只剩麻雀在觅食。

不久之后，武帝重新起用汲黯，过去的客人又纷纷上门了。汲黯感慨地在大门上贴上对联："一生一死乃知交情，一贫一富即知交态。"有时，人在富贵时，看似交游广阔，门庭若市。等到气势稍差或一蹶不振时，却门可罗雀。在这样贫富起落中，正是让人看清世态炎凉与人情冷暖。

第三，一贵一贱，即知人品

有些人当他居高位、享厚禄时，显出一副不可一世的样子。等到时运俱衰，丢官去位，就垂头丧气，惶惶不可终日。

有些人做劳工时，态度自信而不卑；待努力有成得以居上位时，态度谦虚而不亢。贵贱高下是人性的试金石，可以显出"宠辱不惊"的高贵。

第四，一迷一悟，即知本性

佛经说："迷悟染净，凡圣之异。"有的人生性颟顸糊涂，行为处事不辨事理，一辈子不是浑浑噩噩过日子，就是张牙舞爪、猖狂无知地到处惹是生非。

有的人心眼玲珑剔透，处世明理，悟性通达，随时随地与人为善。从这些气质的差别，可以看出每个人品性的不同。

生与死、贫与富、贵与贱、迷与悟，是极端不同的景况。人生不是一成不变，总有起落不定之时，若逢判若云泥的遭遇，也不用伤感或狂喜，如果能以平常心视之，不仅可借境练心，也可趁机鉴识人性。

事物的两面

凡事都是一体两面，且有其因果关系，绝非凭空而有。因此，天台智者大师才会提出：如是相、如是性、如是体、如是力、如是作、如是因、如是缘、如是果、如是报、如是本末究竟等"十如是"，来探究诸法实相。

要确实明白诸法实相，对大多数人来说或许太深奥，但在为人行事上，至少要有如下体会：

第一，有兴趣才有乐趣

根据统计，有将近七成的人每天工作超过 8 小时。这么长的时间，若无法乐在工作，必定相当痛苦。乐趣是从兴趣而来，必先有兴趣，才有乐趣可言。所以，要尽快培养自己对工作的兴趣，才能进而享受工作。譬如服务社会、做义工，先要有兴趣奉献服务，才能在别人认为我们"牺牲享受"时，我们却充分体会"享受牺牲"的乐趣。

第二，有知识才有器识

大家都希望自己很有气度，但"气度"是由知识的积累而来。史家说要看一个人的器识，要"采其言而观其行，审其意而察其忠"。真正体会仁义、道德，实践廉耻、忠恕，慢慢地将从书本得来的知识，内化为自己的修养，日积月累，自然能有大器识了。

第三，有度量才有胆量

人所表现的胆量有很多种，有些人的胆量来自无知，如年轻人的"飚车"；有些人的胆量来自经验，如特技表演者；有些人的胆量，只是胆大妄为，如贪赃枉法；有些人的胆量来自度量，如《世说新语》描写谢安在淝水之战时，临危不乱的胆量，就是来自他恢宏的气度。有度量的胆量，才是真正的胆量。

第四，有义气才有正气

孟子说："吾善养吾浩然之气"，浩然之气就是正气。要如何培养"浩然之气"？对朋友要有义气，对亲人要有义气，甚至对社会、国家、大众都要讲求义气。你拥有义气，自然就会正气凛然了。

我们都希望自己有器识、胆量、正气，也能充分享受人生的乐趣。但这些气度都非生而有之，是靠后天的培养：乐趣从兴趣中来；洞见的知识涵养器识；弘远的度量成就胆量；对人间有情有义自能拥有浩然正气。

事之两面

世界上的事情没有绝对的好与坏，也没有绝对的是与非，任何事都有其两面。世界原本就是一半一半，白天占一半，留一半给夜晚；有一半是男人，另一半是女人；虽愿善念常据心头，另一半的恶念却也蠢蠢欲动。李密庵的《半半歌》也说："百年苦乐半相参。"在此提出世事之两面，供大家细思量：

第一，钱能福人亦能祸人

常言道"有钱有福气"，钱财的用处甚大，可以让人不愁生计，优渥过活，更可以做善事，救难济贫。但俗语也说"人为财死"，有些人为了贪取钱财，作奸犯科，不择手段；或虽有大量钱财，却只知过灯红酒绿的生活，挥霍无度，活得全无意义，反而为钱所祸。

第二，药能救人亦能杀人

恰当地用药，能让人远离疾病的威胁而恢复健康，延长寿命。但药品一旦误用、滥用，却会危害生命。譬如安眠药，有人以它解决失眠的痛苦，亦有人以它结束生命。而因听信偏方，延误医疗，以致丧身失命的消息，也常有所闻。可见药能救人亦能杀人，端看如何用药。

第三，话能慰人亦能伤人

"良言一句三冬暖"，一句好话能安慰人，让人欢喜，让人得到鼓舞。"恶言一句六月寒"，一句不得体的话，也会让人伤心难受，士气全无。"一言兴邦，一言丧邦"，人都有一张口，如何善用，就看自己的智慧。

第四，学能用人亦能障人

拥有学问，能懂得许多知识，小则可以自受用，大则可以造福社会人群。但如果太固执自己所知悉的学问，也可能以成见、偏见看待世间事，至此，学问反成所知障。因而连孟子都说："尽信书，则不如无书。吾于武成，取二三策而已矣。"

世事难求全，虽无法要求人间尽善至美，但愿大家把握好的一半，改善坏的一半。比方说用我们的钱财来福利人，我们的药都是救人，说的都是善言良语，以丰富的学问匡时济世。如此，在这佛一半魔一半的世界，也算是向佛远魔了。

事物之理则

世上每样事物，都自有理则；每件事情的成败，也自有道理。月有阴晴圆缺，是天文的自然现象；人有悲欢离合，是缘起性空的普遍法则。树木荣枯自有其理，人间贫富亦自有其因。在此略举四点事物的理则：

第一，木有根则荣，根坏则枯

花草树木，如果根群健壮，枝叶就会茂密丰盛；如果根腐烂，枝叶就会干枯凋萎。人也有根本，父母是家族的根本，勤劳是富足的根本，用心是事业成功的根本，精进是修行的根本。每一个人都要注重自己的根本，在根本上下功夫，切莫舍本求末，徒劳无功。

第二，鱼有水则活，水干则死

鱼虾靠水维持生命，只要有水，鱼虾就能存活；如果水干涸了，鱼虾就只好等着进枯鱼之肆。空气之于人，就如水之于鱼虾，人如果生活在空气污浊的环境中，就如同生活在烂泥塘的鱼虾，虽能存活，却活得委屈而不舒坦。因此要注重、爱护我们的环境，不要毫无顾忌地污染，否则，恐怕不久之后，人类要寻一处理想的居处，也不可得了。

第三，灯有膏则明，膏尽则灭

油灯要有油，才能续明；电灯要有电，才能发亮。如果没有油、没有电，灯就会自然熄灭。一个人过于自满，不求进步，不吸收新知，久之，就会如膏尽电绝的灯，无法发光发亮。朱熹《观书有感》说："半亩方塘一鉴开，天光云影共徘徊，问渠哪得清如许？为有源头活水来。"我们要不断充实自己，心灵活水才会源源不尽。

第四，人有信则立，信丧则败

一个人能受他人的重视与尊重，讲究信义、信用，是重要的因素。子贡请教孔子从政的要点，孔子说："足食，足兵，民信之矣！"子贡又问三项中哪项最重要？孔子说："民无信不立。"从此可见"信"的重要。"信"是做人的根本，信丧之人，必定要失败的。

事物的理则当然不止四点。袁康说："圣人见微知著，睹始知终。"有智慧的人，自然能从细微的事物中观察到大道理；从一个例子中，而推知晓喻其他事物。希望大家能举一反三，闻一知十，深思各项事物的理则，而拥有更豁达、更精进的人生。

事理情法

世界上的人都欢喜讲"理"，所谓事有事理、道有道理、情有情理、法有法理，什么都有理。在事理情法里，我们应该要注意什么呢？有四点意见：

第一，家事、国事、世间事，事事关心

古人说："风声、雨声、读书声、声声入耳；家事、国事、天下事、事事关心。"有一个年轻人喝完汽水，就把空罐子任意一丢，跟在后面的一位老婆婆看不过去，要他捡起来，年轻人不服气："关你什么事？"老婆婆说："怎么不关我事？你乱丢东西，制造垃圾，污染环境，我们小区的房地产会跌价，这就跟我有关系！"今日的社会，都是众缘所成，没有一样事物与我们没有关系，这就是"共生"。共生和解，才能"吉祥"。所以，无论是家里的事、国家的事、世间上的事，我们都要"事事关心"。

第二，伦理、地理、天下理，理理有则

世间万象，深入观察就会知道：天有天理，地有地理，人有人理，物有物理，情有情理，心有心理，任何一件事物都有其各自的"理"。每一种理都有原则，不是"公说公有理，婆说婆有理"，而是要大家承认，才能通情达理。今日社会的混乱，就是因为理则不张，当你违背理则，当然无法"去处尽通"了。

第三，感情、亲情、人间情，情情升华

在世间做人都有情感生活，有亲情、有爱情，有朋友之情、同侪之情、师徒之情，乃至长官与部属、长辈与晚辈等等，不管哪一种情，都要"情情升华"。升华是以智化情、以慈导情，升华的感情是一种尊重、一种体贴，它不是占有，不是私爱，让感情升华成为慈悲、成为智慧，这种感情就更扩大、更可贵了。

第四，世法、佛法、出世法，法法道同

世间讲法律，佛法也有戒律，"五戒"就是戒律和法律共同的地方。有人以为佛法不是世间法，事实上"佛法在世间，不离世间觉"，佛法是涵容世间诸法万象的。也不要以为出世法是脱离世间，佛教出世的思想并不是离开世间，而是一样的生活，一样的食衣住行、行住坐卧，只是在思想上及心境上不太一样，这就叫作出世。所以惠能大师说："离世觅菩提，犹如求兔角。"离开了世间法，也就没有出世间法可言。因此，世法、佛法、出世法、法法道同，法法相关，可说是"方便有多门，归元无二路"。

世间一切原则，离不开"事理情法"，这四关，可以让我们迈向圆融。

事上的态度

古人拜师学艺，总要不计辛劳承事师者，三年五载，才能获得传授；佛教也有说，比丘应对上座大德，要恭敬顺事，勤求法要，学道才会有所成。在社会上、团体里，我们被人领导，就是一位"事上者"，我们应该抱持什么态度呢？有四点：

第一，廉不言己贫

"居之忠信，行之廉洁"是君子的行仪。你能廉洁，你不贪污，你不爱财，你奉公守法，这固然很好；但是，更超然的是，一位真正清廉的人，他不言身贫，不道己无，不必天天哭穷，也不须日日喊苦，以廉自持，自然获得好评。

第二，勤不言己苦

你在一个地方服务，你很勤劳、你很热诚、你很精进、你发心、服务，这些都是非常重要的条件。但更要紧的是，你能"勤不言己苦"。你不能天天强调："我做了多少""我付出多少""我很辛苦""我很吃亏"……那就不是一位真正的勤劳者。真正的勤者，无论如何的辛苦，如何的艰难，他都有力量承担下来，不会挂在嘴边，要人注意，要人安慰。

第三，忠不言己好

你是一个忠臣吗？是一位忠臣，就不要常常表示我是如何忠心耿耿、我自己怎么好、怎样优秀、怎么具有道德，有什么条件……这些都不必挂在嘴边，四处宣扬。你的忠诚与否，从你的表现中，主管自然就会知道。

第四，功不言己能

你立下汗马功劳，做了很多建设，功劳再多，也不可以自傲，你要把光荣、功劳归于领导人，他才会更欣赏你。历史上，韩信虽功高震主，却向刘邦请求自立为假齐王，埋下被贬之因；马谡才气过人，好论军计，却自作主张，以致大败，不得已，孔明只有挥泪示斩。所以说，事上者，功不言己能。

一个事上者，理由不必太多，要廉、能勤、能忠、建功，这都是本分事。

理的重要

所谓"有理走遍天下，无理寸步难行"。佛陀之所以成佛，是因为佛陀能和真理相应，是真理的体现者。天台宗谛观大师说："良以如来依理而立言，遂令群生修行而证理。"意谓如果我们能明白圣贤之理，依之修行，我们就是圣贤。我们能明白人天之理，我们当下就是人天。假如我们不明理，只有贪嗔、愚痴、邪见，那么就是地狱、饿鬼、畜生的世界了。所以"理"对我们做人做事是很重要的。

第一，立志研究真理

我们到世间一趟，名利是一时的，权位也是一时的，只有研究真理才能真正属于我们。获得真理不但今生受用，来世也会有用。比如孔子，他说："朝闻道夕死可矣。"佛经亦记载，佛陀的前身为雪山童子，为求得四句真理："诸行无常，是生灭法，生灭灭已，寂灭为乐。"舍身予罗刹，因而提早二十劫成佛。所以古来成就圣贤之人，必定是立志钻研真理而不辍的人。

第二，处事依据道理

我们在应对人际关系和处理事情的时候，要合乎道理，如果不知应对进退之处事道理，就不能把人做好，把事办好。若以因缘道理从事者，无有不成。

第三，行为遵循伦理

人世间因为有伦理才能维系社会秩序；宇宙间因为有伦理才有真理可循。中国人最注重伦理道德，宋代理学家朱熹在白鹿洞书院揭示："父子有亲，君臣有义，夫妇有别，长幼有序，朋友有信。"说明人伦关系的道德准则，假如丧失了人伦纲常，即不能称之为人了。佛教以十法界"佛、菩萨、声闻、缘觉、天、人、阿修罗、地狱、饿鬼、畜生"揭示宇宙间的伦理关系是自业自受。所以，我们的行为要遵循伦理，方能维系真理之道。

第四，做人要能明理

世间人有钱不明理，只是个暴发户；当官不明理，只是个酷吏；商人不明理，只是个不知回馈社会的商贾；教师不明理，只是个自私自利的教书匠，所以，做人最重要的是明理。明什么理？明是非善恶之理，明权衡轻重之理，明前后因缘之理，明阴阳盈亏之理，明上下古今之理。无理不明，无理不晓，做人就能圆融通达无碍了。

通情达理

做人要通情达理，人生才没有阻碍；做事要通情达理，事业才能顺利成功。如何才能通情达理？兹有五点意见：

第一，为学要通识

做学问不能自我局限，只知其一不知其二；做学问，要研究很多的相关的知识，扎下厚实的根基，才能日益精博。所谓"世事洞明""人情练达"，都是探取学问、著作文章的重要媒介。

第二，能力要通才

从前我在大陆看人家盖房子，他既会做木工，也会做泥水工，还会做油漆工，可以说只要你把盖房子这件事情交代给他，他就能帮你完成建筑、水电、装潢等种种琐碎事，都是一人包办。但是现在社会进步，分工越来越细，却造成有的人只会其一，不懂其二。然而，尽管时代进步，社会分工很细，但是我们的工作能力，还是要通才一些比较好。

第三，人际要通情

人我之间要通情，否则纵使朋友有很好的职务因缘，可以帮助你开拓事业，但是想到你不能通情达理，他干脆不同你讲；长官要赋予你重要任务，一旦认为你不能圆通变化，他也不敢给予你升迁的机会，这时候你的损失就很大。

第四，个性要通达

人都有个性，有的人个性很粗犷，有的人个性很细腻，无论是什么个性都不要紧，就怕个性不通达。比如，和人相处时，只知自己有个性，却不尊重、包容别人的个性，如此不通达的个性，就会让人视你为不讲理，而不愿与你来往，这是非常可惜的！所以一个人的个性要圆融、方便一些，这非常重要！

第五，求道要通理

我们信仰宗教，对于你所信的这个"真理"要能通达，不能笼统视之，认为"三教同源""五教一体"而不能正确了解一个宗教的教主、教理、教团、教制之异同。更不能执着自己所求之"道"，所谓"道"者，中道也，亦即"不生不灭，不断不常，不一不异，不去不来"之中正不偏的意思，你能通达这个求道的理吗？

遵循真理

天有天理、地有地理、人有人理、物有物理、心有心理、情有情理；任何事物，皆有其"理"，但是总要合乎真理，不能违背真理。什么是真理？所谓真理者，必须合乎平等性、普遍性、必然性、永恒性。而进入真理是必须讲究层次的，什么是进入真理的层次呢？以下有四点，提供我们参考：

第一，先用考察的心来求取真理

考察的心就是抉择、判断的心。意指以智慧来研究或辨别任何事物的真伪，经过这个考察，就可以知道是否合乎真理。考察的精神，又如胡适所说的"大胆假设，小心求证"。那么我们可以用什么方法来考察呢？佛法教导我们要以三法印"诸行无常、诸法无我、涅槃寂静"来印证、考察是否为真理。

第二，次用认同的心来保有真理

所谓认同真理，意谓认同这个真理是确确实实的；是有历史传承的；是大众普遍认同的。因为认同，就会对它产生信仰。譬如佛陀，证悟真理，他自己本身就是一个真理的体现，你能认同，就能见到真理。

第三，再用信仰的心来享用真理

我们对于真理的态度，要去除怀疑的心理，坚定其信仰。《法句经》云："信能得道，信能度渊，士有信行，为圣所誉。"所以，用信仰的心，就能享用真理的宝藏。如《有部毗奈耶》所载："信为丈夫最圣财，善法常修能利乐。"

第四，更用服从的心来遵循真理

禅宗祖师对待学人，道得三槌棒，道不得亦是三槌棒，以无情对有情，以无理对有理，意思就是要"打得念头死，许汝法身活"。你能服从这样的真理吗？你能"自依止、法依止、莫异依止"吗？你能"依法不依人、依义不依语、依智不依识、依了义不依不了义"吗？如果能做到，才算是服从真理。

各具特质

在社会上，士、农、工、商，各有各的特质；男女老少，也各有各的特质，甚至出家人、在家众，也都各有各的任务，各有各的特质。要如何表现各自不同的特色与优点呢？有四点提供参考：

第一，男人要有幽默感

有个笑话说，丈夫，就是婚后在你面前，总是像个大老爷一样，发号施令的那个人。如果你是男人，不要每天板着冷面孔，自以为是地颐指气使。男人应该有幽默感，对于每天为家事忙碌辛苦的太太、儿女，有时候开个玩笑，或者给他们几句鼓励、安慰、感谢的话，或者偶尔送一些小礼物。如此，必定能带给家庭欢乐、幸福、温馨的气氛。

第二，女人要有温柔性

过去的女人是以年轻、多产来博取先生的心。现代的女人须用温柔体贴、善解人意来赢得丈夫的爱。女人如果失去了温柔，就不像女人。丈夫在外打拼，回到家，如果太太能用温柔、赞美的言词慰问他的辛劳，用美味的饭菜满足他的胃口，会让他觉得家庭很温暖。反之，如果太太每天唠叨不休地疲劳轰炸，只会让他下了班，不愿回家，在外滞留了。

第三，儿童要有接受心

为什么有的儿童不会读书，考试成绩不好？因为他不会接受。就像天降甘露，却没有把瓶子的盖口打开，没有接受，自然无法得到甘露法水。做儿童的，应该懂得接受老师、父母的言教。做父母的也应教育孩子养成接受的性格；有接受心的儿童，他将来才会进步，才能成长。

第四，青年要有创造力

青年是人一生当中的黄金岁月。黄金的年龄，有无比的热诚、勇敢，且思想发达、富有创造力及生命力，所以应该为未来的事业，用心创造、尽力发展。佛教中，有很多杰出人物都是在青年时期成就事业的，如佛陀31岁成道，度化众生无数；僧肇大师31岁前完成《肇论》；玄奘大师28岁横渡八百里流沙至印度取经，不但丰富了中国佛教，也为后代提供了宝贵的文化遗产。因此青年要有创造力，创造出自己的价值、特色及前途。

这个社会如果男人都充满幽默感，必定会减少很多家庭纠纷；如果女人都能温柔体贴，必定能为社会增加稳固的力量。

儿童如果能虚心受教，日后必能成为国家的栋梁；年轻人如果懂得珍惜时光，发挥创造力，必能拓展生命的价值。

自然原理

世界上任何一件事物都有其各自的"理"，如天理、地理、人理、物理、情理、心理，乃至修行的道理等。一个人希望自己有所进步、扩大、升华，也有他的理则，以下提供六点自然的原理：

第一，动而后有力

人活着就要劳动。你觉得身体柔弱、体力不够吗？可以从事体能性的休闲活动，如散步、慢跑、游泳或者登山踏青等，除了锻炼体魄外，还可以训练恒心毅力、培养突破困难的勇气等。多一些活动，耐力、气力自然就跟着来了。

第二，静而后能明

现代人由于生活压力大，容易随着环境变化而浮躁不安。心一浮动，就像平静的湖面投下巨石，泛起涟漪，不能如实映照景物。佛教讲"定而后发慧"，在每日的生活中，你可以安静在一个地方，或者阅读、写作，甚至几个小时不动，以宁静对治动乱，心就容易澄澈如镜，清明乍现了。

第三，大而后能容

包容是促进人类和平的良方；再好的人也有短处，要彼此包容、谅解，"观德莫观失"才是人我相处之道。因此，不论是事业或是交友，你想要大、想要多，你的心量必须扩大，凡事都能够容纳，才容易成就。

第四，空而后能有

佛教讲："真空生妙有"，一个茶杯不空，茶水要倒在哪里？一个皮包不空，钱财放在哪里？一个房子不空，怎么能够入住、布置物品呢？假如你的心量不空，又怎么能够拥有一切？所以要空而后才能有。

第五，虚而后能实

无论做人做事，都要留一点余地。不要像拳头，统统打出去，就没有力气了。所谓"势不可使尽、话不可说尽、福不可享尽"，你给别人留一点空间，留一些机会，凡事不必尽其在我，留一点保有实力，才能蓄势待发。

第六，知而后能行

无论什么事理、学问，必须要有真知实学，然后才能去实践。《增一阿含经》说，有智慧的人，对于未知之事，不贸然行事；对于已知且应该做的事，必定尽力完成。追求知识的目的，是为了在生活上能实践，倘若知而不行，到最后只是一事无成、空谈一场。

"法不孤起，仗境方生"，世界上的事物都不是凭空而有。学习数学，要懂得数字的理则与运算逻辑；要活用哲学，必须以理智探讨，思索宇宙万事万物的原理，这都是自然的道理。

防范感官之病

人吃五谷杂粮赖以维持生命，身体由毛发、皮肤、血肉、筋脉、骨髓等多种物质聚成，岂能不病。当我们的眼、耳、鼻、舌、身发生生理病变时，可以找医生治疗，身根就能恢复健康；但是感官偏离正道的时候，应该要怎么办呢？感官有哪些重病，需要如何防范呢？

第一，防耳目混淆视听

眼睛和耳朵是负责视觉和听觉的工作，但是眼睛、耳朵常常混淆视听。例如眼贪诸色，如蛾扑火；耳随外声，心生惑着，颠倒攀缘，曲解事实。所以，耳目的修行，用在视听自己时要检讨过失；用在视听他人时要见贤思齐；用在视听世界时要拓展眼光；用在视听未来时要建设人间净土。

第二，防口舌颠倒是非

口舌贪着美味，杀食众生；尤以口舌颠倒是非，当说不说，不当说而说，法说非法，非法说法，妄言、绮语、两舌、恶口，都是口舌之过。所以我们要将油嘴滑舌、摇唇鼓舌、碎嘴碎舌、饶舌调唇、唇枪舌战，改为为民喉舌、舌灿莲花，乃至学习佛陀出广长舌教化众生。

第三，防手足摇摆不定

我们的身体有懒惰、杀生、偷盗、邪淫的习气毛病，这些恶不善法，皆因心中妄念很多，致使手足摇摆，散乱放逸。心既不安，身岂能安？所以守身摄意，能防手足摇摆不定。

第四，防心腹背离正道

《法华三昧宝忏》载意根之业："心念不善，贪着诸法，狂愚不了，随所缘境，起贪嗔痴，妄想分别，引生无量无边的恶报，是一切生死根本众苦之源。"因此，摄心守意，以防心腹背离正道，唯依正道而行，才有幸福的人生。

如何防范感官之病？我有六根清净诗，提供大家参考："双脚踏遍大地山河与法界，双手紧握时代动脉与人心；心中常想佛陀圣德与自己，口舌常赞十方圣贤与法语；耳朵常听清静梵音与经教，眼睛常看世界万象与众生。"

懒惰的过失

经典说，懈怠懒惰的人，有六种过失：一是不肯作务，二是不肯勤修，三是喜好美味，四是妄想纷飞，五是受人轻视，六是事业无成。这是因为懒惰者有太多的理由，例如时间还早、时间太晚、天气太冷，手冻脚冻；天气太热，汗流浃背；甚至吃饱饭，胃部负担太大；饥饿了，没有力气工作等等，都可以用来做借口。总之，一懒，就会养成不好的习性，造成过失。

第一，懒惰是贫穷之因

俗语云："早起的鸟儿有虫吃。"鸟也得起得早才有得吃；无论是什么人，一定是勤劳才有所得，所谓"葡萄架下有黄金"，那也是靠人辛勤地翻土、施肥除草，才有累累果实。《中阿含经》说："懒惰者不经营做事，做事不营则功业不成，未得财物则不能得，本有财物便转消耗。"勤则家兴，懒则家倾，无论从事何种工作，总要认真，游手好闲者，只好等着喝西北风了。

第二，懒惰是万恶之源

工作是神圣的，懒惰则是罪恶。懒惰者每天游手好闲，不务正业，只想坐享其成。他连好话都不肯讲，好事也不肯做，凡是与人有利的事，都不参加，等着享受别人辛苦劳动的成果。当家产消耗殆尽，心志怯弱时，只有落拓乞讨，成为社会的负担；刁蛮悍戾的，偷拐抢骗他人的财物，造成社会不安，懒惰怎么不是万恶之源呢？

第三，懒惰是德行之墓

周公理政，一饭三吐；仲尼读书，韦编三绝，匡衡凿壁，车胤囊萤，这些都是传颂千古的勤学佳话，从来未曾听过有人因懒惰而美名留世者。懒惰的人，道甫不彰，懒惰的人，人见人恶，最后只有把棺材当作终点，人生一无所有。人身难得，虽无法留名于万世，至少也要努力使自己的德行更臻圆满，岂能因懒惰而善行不为，虚过此生？

第四，懒惰是人生之患

人身是升沉轮回的枢纽，勤劳的人凭借努力，物质生活不缺乏；勤于善行，努力奋发，不仅提升品德，也会有美好的未来。如果懒惰懈怠，好吃懒做，甚至为图享受，为非作歹，那么身陷囹圄、自毁前程的情况也就不远了。因此，懒惰可以说是人生最大的过患。

古人说："勤耕播种般般有，懒作生涯件件无。"懒惰是成功的大敌，是堕落的肇因，不想虚度此生，必要彻底改正懒惰的习性。

懒则穷

清末曾国藩曾写信教诫部下："治军之道，以勤字为先。身勤则强，佚则病；家勤则兴，懒则衰；国勤则治，怠则乱；军勤则胜，惰则败。"勤则兴，懒则穷，大凡懒惰的人，不仅是治军，士、农、工、商，乃至各行各业，必定没有出息，只要染上懒惰的习性，必定一生无成。为什么说"懒则穷"呢？有四点如下：

第一，士懒，终身布衣穷愁潦倒

一个读书人懒惰不读书，那必定是求功名，功名无望，求学问，学问无成。或者一个人只是读书，不问世事，不肯广结善缘，你没有其他的因缘，福德因缘不具备，就是再有学问、再有智慧，没有助缘，也可能终生布衣穷愁。因此，不管是哪一类的读书人，若能成功，一定是勤奋所致，若是懒惰，必定穷困潦倒，郁郁终生。

第二，农懒，荒废耕耘食不果腹

俗谚说："人勤地不懒"，一个勤劳的农民，春耕夏耘，秋收冬藏，只要辛勤，用汗水，能把荒田灌溉成宝地，用双手，能把贫土种出好成果。相反的，一个懒惰的农民，废耕懒耘，尽管地力再肥沃，也会成为杂草丛生的荒地，田里草盛禾苗稀，怎能期待收成好、得温饱？

第三，工懒，日无收益一无所有

所谓"工欲善其事，必先利其器"，其实，每个人最大的利器，就是你的心。意志力坚强的人，不论做什么事情，都会专心一致，勇往直前，努力完成。一个人若没有心，慵懒颓废，即使有再大的资源，遇再好的机缘，得到旁人再大的帮助，也不会有所成就，终究落得一个穷字。

第四，商懒，积聚万贯到头成空

企业能成功，必须凭借灵活的头脑、敏锐的眼光、细心的判断和果决的执行力，这些都是从"勤"字而来，勤于动脑，勤于分析，勤于积累经验，勤于广结善缘。一个从商者，只是守持父母留下的企业，顶多维持现状，假如他又懒惰，只是吃喝玩乐，毫无作为，不善经营，不知道发展业务，即使父母留下万贯家财，很快地就会"坐吃山空"了。

《大般若经》说："诸懒惰者，于诸善法及诸胜事，皆不能成。"修道者懒惰懈怠，修行当然无法成就，世界上的营生事业，也是如此。如果放任自己，增长懒惰习性，必定招致穷困潦倒的后果。

善恶论

《三字经》说："人之初，性本善。"人的本性，究竟是善的呢？还是恶的呢？孟子主张"性善"，荀子主张"性恶"，佛教则认为，人性除了善、恶以外，还有一个无记性，也就是介于不善、不恶之间。到底人性的善恶如何，对于"善恶论"，有四点说明：

第一，无善无恶是人的本性

人的本性是善是恶，各有所见。但即使是孟子主张"性善"，也只是说明"人性向善"。也就是说，人有趋向"善"的潜能，但终究不是本质，所以他说："人性之善也，犹水之就下也；人无有不善，水无有不下。"因此，平常所谓"近朱者赤，近墨者黑"，可见人的本性不是善、也不是恶，是无记性的。因为无记性，所以人可以成佛，也可以成魔。这当中是善、是恶，就看是受了什么环境、因缘所引发，所以有时候教育、环境、修行，都可以影响一个人，这也就是孟母要"三迁"的原因了。

第二，有善有恶是人的真情

人有喜、怒、哀、乐、爱、恶、欲等情绪，可见人都有善与恶的本能。有的人见人行善，他就心生感动，进而升起学习、效法的心，此即所谓"见贤思齐";有的人见到好事、善事，他不但不欢喜，反而心生反感。大致说来，对于自己所欢喜的人与事，比较容易从善如流；对于自己不喜欢的境，自然心生排拒，甚至生起嫌恶之心，这都是缘于各人的情绪与情感的作用所致。

第三，改恶迁善是人的功夫

人都有善与恶的潜能，一时的善恶不是绝对的，因此，即使是十恶不赦的人，只要他肯"放下屠刀"，一样可以"立地成佛"；即使是一个杀人不眨眼的恶魔，只要他有决心"痛改前非"，一样"善莫大焉"。所以虽然"江山易难，本性难移"，但难移并非不能移，只要肯下功夫改恶迁善，一样可以成圣成贤。因此，每个人都应该要不断地变化气质，不断地净化身心，不断地改恶迁善，这就是修行。

第四，从恶昧善是人的习气

佛经指出有五种"非人"：应笑而不笑、应喜而不喜、应慈而不慈、闻恶而不改、闻善而不乐。一个人在好的环境、好的团体里，但是他不能与善因善缘相应，不接受善人、善事、善言，反而昧善从恶，就等于枯枝败叶终难成材。所以，人的习气，尤其是不好的恶习，要自我改善，否则终难得救。

人的善恶，没有定论；是善是恶，往往在一念之间。一念善恶，天堂、地狱立现。

贫穷富贵

你会看人吗？你对人的好坏、善恶、尊卑、贵贱是怎样的看法呢？一个人的修养有无，德行如何，怎样分辨高下呢？当人处在"贫穷富贵"时，从他的言行取舍，就能看出端倪来。以下四点说明：

第一，贫人视其所取

贫穷是罪恶的温床，有的人贫困久了，穷怕了，一旦有发财的机会，他就不择手段；甚至暗地里千方百计，处心积虑，就想发财赚钱，当然更是顾不得道德与否。但是一个有德的人，没有钱不足虑，就怕没有道，纵然贫无立锥之地，但他安之若素，对于不当、不义之财，毫芥不取。所以贫得有骨，贫得有格的人，虽贫犹富。

第二，穷人视其所为

所谓"人穷志不穷"，有的人虽然穷苦，但他不作践自己，不自怨自艾，不自卑自怜；他立志奋发，力争上游，他虽然穷苦，但所作所为，都有正义，都有正见，都有正行，都能合乎"非礼勿视、非礼勿听、非礼勿言、非礼勿取、非礼勿为"。能够穷而穷得有人格、穷得有道德的人，非圣即贤。

第三，富人视其所与

有的人很有钱，但是有钱并不代表有德，有钱也不代表有智慧，有钱更不代表有人缘。有钱的人要看他如何用钱，有的人纵使懂得布施，也还要看他如何布施。如果布施是为了沽名钓誉，或是布施的对象只限于自己所爱、所好，这种"有所得"的布施功德有限。懂得将钱财用于利益国家社会，利益一切大众，这才是智者所为。

第四，贵人视其所举

人的尊卑贵贱，不在于他是否居高官、享厚禄，而在于他的举措行为，是否能绽放人性的光辉，是否能怀有悲悯众生的人格节操。有的人官位很高，但行为卑贱，有时连乞丐都不如；有的人虽然地位卑微，但他的道德风骨，能够为人表率，这才是真正高贵的人。

因此，一个人的"贫穷富贵"，并不是看他的财富多少、地位高低，而在于他的为人如何。贫穷的人懂得洁身自爱，懂得立志向上，则人穷志不穷，在道德上来看，他仍是富有的人。一个位高权重、富甲一方的人，懂得利用自己的财富地位去服务大众，造福人群，他才是一个真正高贵的人，才是一个真正富有的人。

贫富贵贱

人的道德操守、身份地位，形形色色，万象百态；有贤愚忠奸、有贫富贵贱、有正义直言、有猥琐诌媚。人为什么会有这么多的分别？为什么会有贫富贵贱的不同呢？荀子问："我欲贱而贵，愚而智，贫而富，可乎？"以下就来谈谈如何改变"贫富贵贱"：

第一，贫者因勤而富

人，因为没有钱财而贫穷；贫穷的人，常因没有财富而失学。不过，人只要肯努力勤劳，不怕失败，不灰心丧志，就有成功、发财的希望。富兰克林说："贫穷本身不可怕，可怕的是自以为命中注定贫穷。"美国钢铁大王卡内基、日本电气大王松下幸之助、台湾商业巨子王永庆等人，不都是穷苦出身的吗？但是他们都能运用智慧，加上自身的勤奋努力，终能经营企业有成，因而成为巨富，所以贫者因勤而富。

第二，富者因位而贵

一些有钱的富豪，往往不因有了财富而满足，他们除了金钱以外，还想拥有地位、权利与受到别人的尊重，因此总想从事官职，以求得名位。一旦有了官位，就拥有势力；有了势力，就会有名誉上的荣耀，进而与显要往来，以提升自己尊贵的身份，所以富者因位而贵。

第三，贵者因私而贱

有的人身份显贵，却让人看不起，为什么？因为他"拔一毛有利天下，吾不为也"；因为他"自扫门前雪"；因为他官商勾结、贪污舞弊、搜刮民膏，所以在别人的眼里，他就如流氓恶霸般的让人敬而远之。所以，即使是一个有钱、有势、有地位的人，如果没有人品、没有道德、没有操守，而又自私自利，对国家不爱护，对社会不关怀，对人民的苦难无动于衷，就会失去人心，即使有名有利，也得不到人民的尊敬，所以贵者因私而贱。

第四，贱者因佛而尊

有的人虽然没有钱，没有地位，甚至没有学问、能力，乃至上无片瓦，下无立锥之地，这样的人照理说应该是为人所看不起的。但是有时这样的人反而能获得别人的尊敬，为什么？因为他有正确的信仰，信仰的教义让他虽贫"不以贱易志"；宗教的熏陶让他"见利而不动"，他很有慈悲心，他与人为善，他奉行正道，因而让人更为尊敬，所以贱者因佛而尊。

胸襟，可以决定一个人的贫富；内涵，可以决定一个人的贵贱。人生的"贫富贵贱"并非恒常如是，只要自己改善因缘，贫者可以致富，卑贱可以为人所尊。

走出去

　　身为家庭的一分子，除了承担家务，要走出去，才能扩展与社会的往来；居住在偏远的郊区，要走出去，到市区里才方便办事；甚至"读万卷书，行万里路"，从这一个国家，也要走出去到另一个国家交流。关于"走出去"有四点意见：

第一，友谊要走出去

　　一个人不能没有朋友，挫折有难时，朋友可以帮助你；伤心难过时，朋友可以关心你。但是要建立深厚的友谊，需要彼此了解个性、习惯，相互包容缺点，和尊重彼此不同的想法。因此，友谊要走出去，要走入人群里，要广结善缘。好比社会上虽有职业、宗教信仰的不同，国际上有语言文化、风俗习惯的不同，只要我们真心与人友好，对方感受到你慈悲、友善的气息，因缘关系自然就会更好。

第二，体育要走出去

　　体育不仅可以锻炼身心，更是一个社会精神力的象征，例如运动员在竞赛场上获得荣誉，可以为社会大众带来极大的信心。因此，体育活动要走出去，以体育和世界交流。

第三，服务要走出去

台湾社会最为世人歌颂的就是义工，他们为大众服务的热忱，受到各方的肯定及赞许。服务的范围广泛，举凡顾客服务、商品服务、电话服务、会议服务，除了对内的服务，服务也要走出去，走入需要帮助的地方，如偏远、贫苦地区；除了物质上的服务，更重要的是精神上的服务，能服务到人的心里，才能令受者真正感觉到人间的温情。

第四，宗教要走出去

台湾的宗教信仰相当自由，尽管信仰有所不同，但是向真、向善、向美的心，却是一样的。因此不论什么宗教，都不应只是自立门户，所谓"宗教无国界"，为了世界和平、人民安乐，宗教家应该要走出去，加强宗教间的友好交流，突破传统弘法方式的窠臼，才能将宗教教化的功能充分发挥。一个人的心胸有多大，成就的事业就有多大，因此凡事都要走出去才有发展天地，才能与时俱进。

参加活动的功能

人，经常运动，能增强体魄；水，经常流动，能长保洁净。一个团体经常举办活动，也会充满服务的干劲；现代社会人与人来往密切，更离不了参与社团活动。参加活动，会有跟大众结缘的机会，也会有进步成长因缘。参加活动有哪些功能，四点如下：

第一，参加活动有学习的功能

无论你参加旅行团、园游会、座谈会、读书会等各种社团活动，从中，有正当的娱乐休闲，有正当的人际关系来往，你可以向大家学习礼仪进退，学习群我和谐，学习组织策划，充实知识见地，交换心得感想等等，这都是很好的学习机会，无形中，你人生的经验阅历就成长了。

第二，参加活动有扩大的功能

你参加一个社团，马上就会交到许多的朋友，每个人的成长经验不同、做事方法不同，你从结交来自不同地区、不同类型的朋友中，获得不同层面的知识信息，尝试做不同的事务，自己也得到不同的体验，不知不觉中，广学多闻，增加见识，你的生活就扩大了。

第三，参加活动有联谊的功能

今天密如蛛网的信息社会，单打独斗的时代已经过去，个人不能再坐井观天，关闭在自己的小天地里，各行各业必须"集体创造"才能成功，因此要靠很多的朋友，很多的助缘。假如平时没有跟人来往，不跟人联谊，到了你需要别人帮助的时候，"平时不烧香，临时抱佛脚"，也都来不及了。因此，平日就要参加活动，与人联谊，广结善缘。

第四，参加活动有成就的功能

参加一个社团，社团里会举办许多活动，你参与其中，或做义工，或做领队，奉献自己，帮助他人，活动圆满以后，你会获得自我的成就感。因为这个活动，有多少人参加，交到多少朋友，大家共同完成一件事，共同达成一个目标，带动大家成长，这个无形的成就感，其意义价值不同。

这个社会是众缘所成，需要靠大众来帮助我们自己。从参加活动中，可以明白"因缘和合"的真理，可以了解"同体共生"的意义，我们的生命，也就升华了。

卷二 | 退一步想

人生有前面的半个世界，也有后面的半个世界，

一般人的眼光只看得到前面，看不到后面，

其实有时候懂得"退一步想"，

眼界会更宽，世界会更广。

如何渡过难关

每一个人在世间生活乃至创业，都会遇到一些大大小小的困难。经济有经济上的难关，情感有情感上的难关，事业有事业上的难关，甚至也有人事的难关、家庭的难关等等。总之，人生难免都会遇到困难、瓶颈，我们该如何渡过呢？有四点意见：

第一，要有忍耐的功夫

难关来了，不必慌张、恐惧，要能耐得住、守得住。无论多大的难关，都是因缘生灭，总会随着时间过去。每一场坚持战，只要你能守得住、顶得住，就能过得去。

密勒日巴尊者忍得下，所以成为一代宗师；法显大师耐得住，所以几经波折艰险，终于取得经典。所谓"山穷水尽疑无路，柳暗花明又一村"，忍耐就是力量；耐不住、坚持不下，就很难成功了。

第二，要有承担的勇气

能够成功的，通常都是勇于承担的人，在承担的过程中，可以积累智慧经验与福德因缘。如果难关来了你畏惧，困难来了你推诿，就无法成事了。因此，愈是困难愈不要推诿，抱持"我要负责，我要担当"的勇气。如果肯担当、能负责，自然会产生力量，也能给别人信心；如此必定能渡过难关。

第三，要有吃苦的精神

不要时时只想到要别人来帮忙渡过难关，所谓"靠山山倒、靠人人老"，人不一定都靠得住。要想渡过难关，最重要的是自己肯吃苦，能不怕苦、不怕难，有这样勇敢的精神，辛苦和困难，往往会慢慢消失退却而苦尽甘来，化险为夷了。

第四，要有不挫的毅力

一般人都不太能接受挫折，常常为了事情的一点挫折就泄气了，或者别人讲了一句不顺心、不中听的话，就整天为了那句或许只是无心之言的话，而耿耿于怀地和自己过不去。如果在挫折之下懈怠、灰心、沮丧，鼓不起精神，最后不但不能渡过难关，还会让自己从此一蹶不振。

禅门有一句诗偈云："真金须是红炉炼，白玉还他妙手磨。"即是告诉我们要想渡过难关，必须能忍耐、能承担、能吃苦、能不怕挫折。

如何改过

平日我们为人处世难免会犯错，其实不怕做错事，也不怕有过，只怕"有过不改"。孔子说："知耻近乎勇"，改过，必定是一个好习惯，改过，也必定具足勇气。我们要如何改过呢？提供以下四点秘方：

第一，把过去的观念陋习改正

我们做人，就是要涤瑕荡秽，日日更新自己。好比梁启超所说："今日之我，不惜向昨日之我宣战。"汉朝韩信，改正不良陋习，从一个小混混，成为开国大将军；宋代寇准，改掉游手好闲的习性，因而考取进士，并且成名于后世。要改过，就要不断地把过去不当的观念、不当的习气改正，否则一直坚持自己的陋习不肯放下，"我执"太重，就不容易进步。

第二，把内心的无明烦恼去除

过失是怎样发生的？大部分过失，都是起于"无明"，"无明"就是不明白道理。不明白，就随意乱说，不明白，就随事乱做，引来嗔恨、嫉妒、傲慢、多欲、贪求等种种烦恼，严重者，还会造成无边的祸患，甚至引发难以想象的灾难。因此，我们要把内心的无明烦恼去除，过失才会减少。

第三，把浮动的躁气妄想化导

细细观察，我们每天在妄想、颠倒、烦恼里面转来转去，心浮气躁，不得安宁。倘若心静下来，去除虚妄的想法，沉淀浮动暴躁之气，才能感到"静观万物皆自得"。这就要靠我们拿出勇气与智慧，化导这许多不良习气。

第四，把无理的暴戾侵略舍去

我们还会常犯一种过失，就是对人无理，个性暴戾，对人不友好、不仁慈、侵犯别人等，这样的陋习必定要舍去。因为暴戾之气不但让人失去友谊，更是不利己，尤其现代医学发现，一个人内心情绪失去平衡，容易产生毒素，这些毒素在体内蔓延，侵蚀健康，自己痛苦，太划不来了。

人不易改过，是误把"认错"和"自尊"混为一谈。许多人遇错，不是与人争辩，就是顾左右而言他，甚至推三诿四，装出漠视的样子，实在可惜。认错改过，既无损气概，也无损矜持，所谓"知错能改大丈夫"，这也是人之所以尊贵的地方。

如何排除烦恼

古诗云："天长地久有时尽，此恨绵绵无绝期。"烦恼也是一样，从小到大，人的烦恼，可说是无量无边，无时无之。到底烦恼从哪里来？总归纳可以说是从"无明"来。无明，所以智慧不够，无法了解真理，解决问题；无明，所以心念不正，妄求过多，无法满足，甚至常常是"天下本无事，庸人自扰之"，自找而来。到底如何排除烦恼呢？有四点意见：

第一，要能够自我反省

能够自我反省，就会减少烦恼，从反省中，不断净化、不断蜕变。刘备自我反省不如曹操之智谋，故礼请徐庶、诸葛亮等谋士，而有后来三分天下的成就；袁了凡居士，用功过格自我反省，甚至改变了自己的命运。能够反省，可以排除烦恼，自我改造，成就事业。

第二，要能够自我进修

古德云："真金须是红炉炼，白玉还他妙手磨。"能经得起磨炼考验，烦恼就奈何不了我们。磨炼自己，正可以从自我进修开始。草民皇帝朱元璋，打仗犹不忘读书，网罗儒士，成为开国霸主。尤其现代提倡全方位学习，更要终身学习，破除烦恼，才能走出自己的人生道路来。

第三，要能够自我忍耐

怎样才能没有烦恼？自我忍耐。所谓"忍一口气，风平浪静；退一步想，海阔天空"。天下很多的烦恼，只要忍，你就能够忍饥、忍饿，忍热、忍寒，忍是、忍非，甚至忍一口气，就能够认识、处理、消除。周瑜因不能忍诸葛亮，结果把自己气死；贫民窟出身的安徒生，能忍别人的排挤与欺负，保持乐观与毅力，成为一代文豪。所以"忍"有很大的力量，能够排除烦恼。

第四，要能够自我批评

怎样排除烦恼？自我批评。世界首富比尔·盖茨说："有自觉的人，能客观地自我批评。"另外一位曾登上世界首富的埃里森也说："人们必须开放，富有自我批评精神，完全诚实。"人要能自我批评，对自己批判改进，才能看清烦恼，进一步化解烦恼，才能不断地提升进步。否则光是责怪别人、批评别人，不仅于事无补，只会招惹越多的烦恼。

古代的圣人，闻过欢喜，去恶就善。聪明的人，要把自己管理好，内自省而发智慧，健全自己，就不会有烦恼。

离是非烦恼

佛陀曾说天下有二十难，其中之一就是"不说是非难"。圣人以"守口、少说、莫传"为智慧，即是告诉我们不听、不传、不讲、不管是非，自能远离是非烦恼的缠缚。如何远离是非烦恼呢？

第一，祸患止于未然

我们常说"人无远虑，必有近忧"；晚唐诗人杜荀鹤的《泾溪》写道："泾溪石险人兢慎，终岁不闻倾覆人；却是平流无险处，时时闻说有沉沦。"正是提醒我们"积谷防饥""有备无患"。古人在风调雨顺之年，大都会囤积粮草，以防备灾荒突然降临。我们也应时时心存忧患意识，事先预作未来的打算，才能让祸患降到最低。

第二，是非止于智者

《药师经疏》里有一则譬喻：有两只感情甚好的猛虎"善牙"与"善博"，它们日日相伴捕食动物。另有一只狡诈的野狐，则专门在附近捡它们吃剩的食物。野狐担心两只猛虎总有一天会联合起来对付自己，所以常常分别对两只老虎造谣，离间它们的感情，使得两虎因而相互仇视。所幸后来善博冷静、理智地分析前后，拆穿了野狐的挑拨，才化解彼此的误会。因此，当是非入耳时，我们要以智慧判断，才能远离是非之患。

第三，失败止于计谋

一件事情的成败，取决于我们是否事先作策略谋划。《汉书》中提到："运筹帷幄之中，决胜千里之外。"说明善于运筹者，谋事必成；反之，草草行事，心有不慎，没有事先作好筹划，必定功败垂成。刘邦之所以能击败项羽，正是因为张良擅长计谋。倘若做事懂得事先计划，必能免于失败，迎向成功。

第四，烦恼止于觉照

烦恼来了，"提起正念"是必要的良方。能从烦恼迷茫处深观事理，觉照心念，且懂得自省、忏悔、认错，烦恼自然无疾而终。《大慧普觉禅师语录》写道："瞥起是病，不续是药，不怕念起，唯恐觉迟。"所以不要畏怯烦恼，重要的是要有觉照力；有了觉照力，便能突破烦恼，远离恼害。

人生是非、烦恼、失败、祸患，无时无刻不盘旋在我们生活中，如何远离，唯赖我们以智慧对事物作出谨慎的判断，方能脱离是非烦恼的缠缚。

穷通不变

处变不惊，才能庄敬自强；穷通不变，才能安然自在。做人要处变不惊，做人更要处穷通而不变。如何"穷通不变"，有四点说明：

第一，不因穷困或富有而改变态度

人生的际遇，有时穷困，有时富有，"贫穷"和"富有"看起来是两个相互对立的形容词。其实贫富并不是绝对的，世上贪心不足的人永远贫穷，乐于布施助人，则永远都是富有的人。所以，贫富不能只看形相上的财富，而要看内心无形的财富。一个人能"富贵不能淫，贫贱不能移"，不因自他一时的穷困或富有，而改变待人的态度，这种品格操守，比起金钱财富，更为宝贵。

第二，不因安然或险遇而改变心情

人的心情，常常随着外境的变化而起伏不定。心情经常变化莫测的人，往往给人情绪化，难以捉摸的感觉，所以做人要沉得住气，不要轻易把喜怒哀乐形之于色。平时安然自处时能气定神闲，遇到险难危急时，也能临危不乱；能看清世间的实相，不因安然或险遇而改变心情，时时泰然自若，更可见出一个人的修养之高。

第三,不因礼遇或违逆而改变尊敬

对人尊敬,是因为这个人有值得我学习、崇拜的地方,并不是因为他对我好、礼遇我,我就对他尊敬;相对的,不能因为他违逆我,不顺我的意,我就改变对他的尊敬。尊敬一个人,要散播他的善行,诸如他的风范、他的道德、他的学问、他的能力等。对人尊敬,是做人最起码的道德,因此不管别人对我好与不好,我也不放弃自己对人的尊敬。

第四,不因成功或受挫而改变信心

成功时,信心满满;失败时,灰心丧志,这是一般人的反应。但是一个真正成大事的人,小小的成功固然不会志得意满;受挫时,也不会失去信心,甚至消极悲观,反而愈挫愈勇。例如爱迪生在面对产业付之一炬时,他说:"感谢这把大火,将我以前所有的错误都烧尽。"这才是真正能成大功立大业的人。

"祸兮福所倚;福兮祸所伏"。人生的际遇,穷通祸福,成败得失,都只是一时的,不管好坏,如果能看成是人生的点缀,不必太过介意,心灵的空间会更宽,而不至于把自己逼上死角。

穷败之因

世界上为什么有的人能成功，有的人却失败；为什么有的人富有，有的人却贫无立锥之地。这些"穷败之因"，除了因缘造作之外，还有来自个人的分别取舍。一般人总喜欢选择什么是自己喜欢的，什么是不喜欢的；喜欢的就趋之若鹜，不喜欢的就弃若敝屣。一个人如果只肯做自己喜欢的事，完全不顾道德、法律、人情、舆论的话，这就是"穷败之因"。以下有四点看法：

第一，富而不肯喜舍则穷

布施看起来是给人，实际上收获最大的是自己。道家所谓："收藏蓄积而不加富，布施粟受而不益贫"，一个"拔一毛而有利天下吾不为也"的富有之人，就像将自己反锁于粮仓一样，虽坐拥如山如海的粮食，但总有吃尽耗绝的一天；一个懂得布施者，就如播种下土一般，看起来总是不断地付出，但其结果却是丰收采实，所以富而不肯喜舍则穷。

第二，贵而不肯积德则败

身居高位、享受厚禄的人，却不知积福德，不愿与人结缘，则有衰败之患。如《史记》说："在德不在险，若君不修德，舟中之人，尽为敌国也！"就是说明一个居高位的人，如果不修德政，即使与你同舟共渡者，都可能成为你的敌人。常言道："得意勿忘失意时"，一个人在得志的时候，要能广修福德，积善结缘，否则失了民心，虽处高位也有"水覆舟船"之虞呀！

第三，少而不肯事长则衰

年轻人不肯敬侍长辈，后学不肯尊敬前贤，都是因为贡高、我慢而形成自大的态度。所谓"满瓶不动半瓶摇"，一颗不成熟的果实，总在风雨来时提早夭折。古人所谓"满招损，谦受益"，就是告诉我们多一分的谦逊，则能多一分的受益。没有前人的拓荒开垦，后人怎么会有树荫乘凉？人要懂得追本溯源，长者是经验的积累、是智慧的结晶，能亲近长者，才能从中获取成长与人生的精华。

第四，愚而不肯亲贤则劣

自己愚笨，又不肯亲近贤人，自会更加卑劣；经常与不善的朋友在一起，则更增长恶习，此即所谓"近朱者赤，近墨者黑"。《说苑》里记载一则故事：孔子问宓子贱："你是如何将单父治理得如此之好？"宓子贱回答："我亲近五位贤者，他们教了我许多东西。"孔子说："这是建大功业的关键呀！"孟子也曾说过："仁者爱人没有偏心，但只亲近贤者。"亲近有智之贤人，接受他们的引导，才能增长智慧，进而去恶向善。

人的一生不可能十全十美，有智无福、有福无智，或是威德不够而受人轻贱，都是人生的缺陷。人的贫富贵贱、智愚兴衰，虽与前世业缘有关，但今生的努力也能加以改善。反之，即使福报、智慧俱足，但不懂得结缘、积德，也会由富变穷，由尊贵而卑微。

不顺的原由

人的能力有强有弱，有的人虽然资质平庸，因为善于结缘，做起事来左右逢源，无往不利；有的人尽管才华横溢，却是处处碰壁，百般不顺，事事艰难。其实，人生的际遇不管做事难易，乃至穷通苦乐，都有它的原因存在。顺利有顺利的条件，不顺有不顺的原由。"不顺的原由"主要有四点：

第一，艰难由懒惰而来

俗云"天下无难事，只怕有心人"，世间事无难易，只要有心。有心做事，铁杵都能磨成绣花针；无心做事，举手折枝也嫌难，所以"自古艰难唯一懒"。时下常见一些年轻人虽然有心创业，但一遇到艰难困苦就裹足不前、泄气失望，甚至感觉志不得伸而怨天尤人、怪你怪他。其实一切的艰难，都是由于自己懒惰而来，因为懒于勤劳做事，懒于广结人缘，懒于与人为善，自然一事无成了，所以，懒惰懈怠就是自毁前程。

第二，苦楚由悭吝而来

人生有多苦，悭贪是一苦。悭吝不舍、贪得无厌的人永远不知足，他永远看不到自己所拥有的，反而一天到晚羡慕别人、嫉妒别人比自己快乐、比自己富有，因此痛苦不堪。反之，一个懂得布施喜舍的人，所谓"舍得""舍得"，能舍才能得，不舍怎么能得呢？因此一个人如果过于悭吝、过于自私，必然错失许多际遇，失去很多人缘，自然就会感到苦楚了。

第三，借口由推托而来

路是人走出来的，每个人都有自己的人生路待开创，有的人走来一路亨通，有的人走得颠簸坎坷，到处受阻。当中除了因缘际遇不同、才能智愚有别外，更重要的是，能干的人遇到困难，他会想种种的方法去克服、解决；不能干的人遇事总是想各种理由去推诿、塞责。"我这个困难，我那个不行"，这项也拒绝、那样也回避，因为有太多的托词，有太多的借口，所以许多因缘就这样平白失去了。

第四，贫苦由奢费而来

古人说"贫贱夫妻百事哀"，贫穷本身就是苦，所以贫与苦总是伴随在一起。贫苦的原因，除了前世没有布施种福田以外，所谓"奢侈是人为的贫穷"，今生如果生活过于浪费、奢华，也会得到贫苦的报应。所以我们要节约能源，要爱惜金钱财物，甚至更要爱惜时间、爱惜福报、爱惜因缘，不能浪费无度，才能免招贫苦之报。

面对压力

　　现代人普遍感到压力太大，由于从悠闲的农业社会，进入要求快速、高量、竞争大的工业社会，每个人都很忙，忙得不自觉地武装起身心，像绷紧的弹簧，以应付来自事的压力、人的压力，因而形成心理巨大的压力。面对无所不至的压力，应如何面对？如何纾解？提供四点意见：

第一，勤奋，不故意拖延

　　工作上的压力，大部分出于任务无法如期完成。可能就要勤奋一点，今日事、今日毕，不要把今天的事情留到明天。如果将今天的工作留待明天，如同前债未还，后债又来，累积多了，当然就有压力。因此，即使辛苦，当办的事把它办了，不逃避、不拖延，就能减少工作带来的压力。

第二，忍耐，不顾忌批评

　　有些压力是从他人的意见、闲话、批评、毁谤等等而来。若没有判断意见的智慧，没有不理闲话的从容，没有接受批评的勇气，没有忍受毁谤的能量，自己没力量来担当、处理、化解，就是没有忍耐力，这些负面的情绪，就会是很大的压力。因此，解除压力，必须有忍耐力，要能不顾忌他人的批评、毁谤。

第三，勇敢，不过度自责

有时处理事情，忙中有错，不免会自责懊恼。过度自责也会形成压力。《礼记》说："力行近乎仁，知耻近乎勇。"只要不是习惯性的粗心大意，或心不在焉，玩忽职守，而是不小心犯错，能够勇敢承担错误，尽力弥补，警惕自己知过悔改，也就不要太过自责。

第四，放下，不患得患失

有压力，就是放不下，什么东西都摆到心上。将名利地位放在心上，名利地位就是你的压力；将金钱爱情放在心上，金钱爱情就是你的压力；将人我得失放在心上，人我得失就是你的压力。能将这些身外之物看淡、看轻，不患得患失，压力自然就会不见了。

有经验的人在栽培豆芽菜时，会在绿豆上放一块砧板，有了砧板的重量，豆芽会长得又胖又壮；鲶鱼是小鱼的天敌，在运送小鱼时，如果在鱼箱中放进一条鲶鱼，可提高小鱼的生存率。可见压力也是成长的要件，因此要乐观面对，适度纾解，不须太过担心害怕。

挫败之因

世界上无论什么事情都有它的因，一个台风的形成，有它形成的原因；地震，有地震的原因；一个人中了彩券，也有他得到意外之财的原因；人缘好、人缘不好，富贵、贫贱，都是其来有自，都自有缘由。当然，生活中的挫败也有挫败的原因：

第一，艰难由懒惰而来

有些人在创业时，遇到艰难困苦，求助无门；有些人没有人缘，遇到挫折也得不到贵人相助。遭逢志不得伸，潦倒无奈时，千万不要怨天尤人，要反观自省，因为一切艰难必定从自己的懒惰而来。平常不勤做善事，不勤广结人缘，不勤与人为善，事到临头，如何要求碰到好机缘？如何要求有贵人援手相助？

第二，苦楚由悭吝而来

有人觉得自己的人生暗淡无光，不由得要嫉妒、羡慕他人的快乐与春风得意。别人能够左右逢源，必定有他的因缘，他肯与人为善，肯成就他人的快乐，他自然能有春风得意之报。人生暗淡无光的苦楚，则是拜悭吝所赐。太过悭吝、自私，不肯成就他人，自己也会失去好的际遇，不得人缘。舍得、舍得，若是从来都不舍，怎么能得？

第三，借口由推托而来

大部分的人不能成功的原因，是借口太多。这个困难，那个不行，这项工作也拒绝，那项劳务也不做。这许多的托词借口，把原有的善因好缘都往门外推，白白错失成功的机遇，当然就只好品尝挫败的滋味。

第四，贫苦由奢费而来

有些人慨叹贫穷、困苦。此生贫穷的原因，一则是过去世未能种植富贵的因缘，如布施、结缘，因此出生于边荒之地、贫穷之家。二则今生虽生于小康或富贵之家，却过于奢华，将家产耗尽，把福报轻易浪费掉，只得过着贫苦的生活。

佛教讲因缘果报，"善恶之报，如影随形；三世因果，循环不失"，有智慧的人害怕种下不好的因，所以"慎始"；凡夫俗子却只怕结果，不知在因地下功夫，等果报来了，才畏惧、抱怨。我们要学习智者，留心原因，培植好因善缘，破除坏因恶缘，才能转凡成圣。

代替之宝

我们待人处事，有时会养成不自觉的负面态度，比方抱怨、冷漠、虚伪、傲慢、主观等。长久以这些负面的态度待人，必然会让人反感。在此提出八个代替方案：

第一，以关爱代替抱怨

每个人都有自己的个性，又因生长环境及不同的生活经验，在思想、态度及行为习惯等各方面，不免会有歧见。若是以抱怨来反映不满，只会加剧争执；唯有以关爱来代替抱怨，才能化解冲突。

第二，以热忱代替冷漠

身旁的人是我们的镜子，当我们显示一副冷漠的表情，镜子映现的当然也是一副冷面孔。所以要以热忱来代替冷漠，如此，我们所回收的热忱，必定百倍于所付出的。

第三，以鼓励代替责罚

子弟、下属若有过失，用责罚的方式来要求，不一定能收到效果。若善用鼓励，婉言规劝、一句嘉许的话，或一些赏赐，让他感受到我们的期许，产生的力量会更大。

第四，以启发代替公式

现代人办事都讲究程序、公式。当然，公式、程序很重要，不过，若能以启发性的引导代之，对受教者必能得到更大的助益。

第五，以宽容代替严苛

古人说"律己宜带秋气，处世宜带春风"。秋天之气是肃杀、严谨的；春风是温暖、柔和的。对自己的一言一行要谨慎严格，德行学业才会进步；待人则要宽容敦厚，才能让对方衷心感动、服气。

第六，以真诚代替虚伪

虚情假意或许能骗人一时，几次过后让别人瞧出我们的虚假，会自动将我们的言行举止打折扣。真诚待人，才能历久不衰。

第七，以谦让代替高傲

有的人以傲慢的态度显示自己的高贵，冀望获得别人的尊敬。其实傲慢的态度往往代表内心的浅薄，反而更让别人轻视。唯有谦虚礼让，才能赢得别人的真心尊重。

第八，以客观代替主观

能客观地观察事物，所提出的建言或看法，会更周延完整，容易为人所接受。因此，不要太主观、太执着，才能赢得他人的好感。

提出以上八点"代替之宝"，希望大家能以好的、正面的处世态度，来改正负面的、不好的行为态度。

失去

我们常常为了遗失某些东西，急得不得了。如掉了证件、丢了钱财、遗失心爱的东西等，失去这些，会让我们难过不舍。或许不小心掉的钱，正好是儿女的教育费；遗失的是有特殊意义的纪念品；证件掉了，要挂失，要重新申请。但失去这些东西，虽然心疼、麻烦，毕竟只是身外之物，算是"小失"。有些"失去"，失去的是自己的大部分，甚至是全部。

第一，资财失去，失去一点东西

钱、皮包被人偷去，或是自己弄丢了，虽然着急，但是丢掉钱财损失有限，再赚就有，节俭一点也还好，不用太在意与难过。古人劝说"财去人安乐"，虽然是阿Q的想法，却也不失安慰之道。

第二，勇气失去，失去部分东西

有时候我们做某件事情，突然丧失勇气，事情的难度扩大，而自觉无法冲破难关。失去了勇气，也丧失成功的机会，想赚钱却没有勇气，只好与财神爷错身而过；想创业却缺乏勇气，只好安分守己做个小职员。失去勇气，也还不是最糟糕，只是丧失可能的成功机会，失去人生的部分东西。

第三,荣誉失去,失去许多东西

有许多人把荣誉看得比生命还重要。荣誉是以辛勤的学习、无数的辛苦和牺牲奉献才赢得。因此,在光鲜的荣誉背后,有许多不为人知的辛酸艰困,甚至付出血汗生命,才获得他人的肯定、钦佩、激赏;人生也因为这些荣誉而伟大。一旦荣誉失去,就失去了许多东西。

第四,信心失去,失去一切东西

一个人对人生有信心,才能看见光明;对国家、社会有信心,才会觉得前途充满希望;对事业有信心,才能成功在望;对修行有信心,才会有所成就。因为有信心,再大的难关都会冲破,再长远的道路都会勇往直前,再高的山岳,都会奋不顾身往上爬。就是大海中的珍宝,只要有信心,也能入海采得宝物归。所以《华严经》说:"信为道元功德母,长养一切诸善根。"若失去信心,就失去了一切希望。

失去了资财没关系,靠勤与俭能补回来;失去了勇气,可能会让自己错失一些好机会;失去了荣誉,人生相形失色;一旦失去信心,这一生就不免要暗淡无光了。人生在世,或许难免会失去某些东西,但是要谨慎,切莫让自己失去了荣誉和信心。

去除而后有

我们常听到"人要不断进步"这句话，如何才能进步？天台宗说"一念无明法性心"，当我们的心处在无明的状态时，法性就显现不出来；我们的心保持在清清明明的法性之下，无明自然就不见了。如何才能进步？去除坏的、恶的，好的、善的就会显现出来：

第一，去丑即是美

我们常说"相由心生"，可见相貌的庄严与否，是由"心"来决定。一个艳若桃李的人，若存蛇蝎心肠，别人定要避之唯恐不及；而相貌平平的人，却往往因为内心的高贵而让人乐意亲近。因此，只要去掉内心丑陋的念头，所显现的即是庄严美丽。

第二，去非即是是

写错字时，我们会用橡皮把错误擦去，订正为正确的；行为处世也一样，不用刻意去追求"对的事"，只要不断地去除当下的错误行为，即是走在"对的"路上。

第三，去愚即是智

当一个人"自以为是"时，别人是无法改变他的，除非他自己愿意改变。人有时候不免会愚痴执着，陷溺在自己构筑的想法当中，此时旁人再有智慧，也无法帮助他跳脱愚痴的牢笼。其实，智慧不假外求，只要肯放弃愚痴执着，就是智慧。

第四，去迷即是悟

"执迷不悟"这句话相当传神，执着"迷"，紧紧抓住所"迷"的思想、习惯、信念，一直不肯放手。不肯放手，如何能有"悟"的契机？其实，只要把迷执放掉，就如同拨云见日，迷去悟就来。

第五，去恶即是善

如何为善？口不言恶，所言即是好话；心不思恶，所思即是正念；身不行恶，所行即是善事。远离十恶业，戒除身、口、意之恶，自然就是实践十善业道。

第六，去妄即是真

真与妄，是一体的两面，如果一直执着在虚妄里，真实就不可能现前，一定要把虚妄舍弃了，真实才会显现。所以说：烦恼不除，菩提不生；罪恶不去，善美不来。

《维摩诘经》说："譬如高原陆地不生莲华，卑湿淤泥乃生此华。"不要担心我们处在污秽的娑婆世界，只要能在这五浊恶世的"烦恼泥"中，不断地去除丑、非、愚、迷、恶和虚妄，就能体会、实践真正的佛法。

耕耘

人人心中有一亩田地，在人生春夏秋冬的时序里，翻土、播种、耕耘、施肥、灌溉，是丰收？是歉收？全取决于我们自己的用心耘作、勤劳与否。有云"一分耕耘，一分收获；十分耕耘，十分收获"。你努力勤奋，则丰衣足食，你懈怠放逸，自然荒地一片。每个人如何耕耘自己的一片田地呢？

第一，作家在格子上耕耘

有人说，写作是"不积跬步，无以至千里；不积小流，无以成江海"。诚然是也，笔杆作锄头，格子是田地，思绪为泉源，作家们靠着自己的双手，日夜摇动，勤苦灌溉，犁出一片思想田园。一篇篇文章的完成，无不经过作者在一格一格的稿纸上耕耘思想、抒发胸臆，在指缝间遣词立意，表情达理，在行列里串成句，组成文，连起珠玑的方块字，得以辑成作品，呈现世人。

第二，农民在土地上耕耘

土地是农民生活的根基，生存的来源。唐朝李绅的《悯农》诗写得贴切："锄禾日当午，汗滴禾下土，谁知盘中餐，粒粒皆辛苦。"经过风吹日晒、披霜踩露，才得以血汗换取丰硕的果实。所谓"民生在于勤"，没有寒耕热耘，怎有禾稼之得？农民劳动虽艰，但农作物丰收时，也收获了喜悦。

第三，教师在黑板上耕耘

身为教书的老师，黑板是他耕耘的田地。日日月月，播下智慧的种子；岁岁年年，培育希望的幼苗。一笔一画为钥匙，打开思想的大门；一字一句作管道，开启心智的通路。学生经过教导，在社会上，各持一方；老师不断耕耘，在黑板上，百年树人。

第四，禅者在心地上耕耘

我们常说要"开发山坡地""开发海埔新生地"，这些地开发了，就会发挥作用。佛经中也譬喻我们的心犹如田地，心田开发，才能播种，展现功用。发心就是开发自己的心地，在日常生活中，你发心睡觉，觉会睡得好；你发心吃饭，饭会吃得饱；你发心做事，则无事不办。而参禅者，更是在自己的心地上耕耘，他们拔除烦恼的杂草，播下般若的种子，灌溉清净的花朵，开发出无数的珍贵宝藏，成就无量的法身慧命。

家有良田，可以积谷防饥；心有良田，需要耕耘开发。无论你在社会上扮演什么角色，是作家、是农夫、是教师、是禅者，自己的田地，都得要靠自己去开垦，去耕耘，才能田地肥沃，硕果累累。

取代

世间得意失意、欢喜悲伤、拥有失去，都是人生的调味料，其中酸甜苦辣，百味杂陈，如何调和，唯有靠我们心念的转换。若能以善的种子"取代"恶的种子，则日日是好日，念念无烦恼。那么要如何"取代"呢？

第一，欢愉可以取代哀愁

我们习惯将悲喜交付在他人手上，一旦不顺从己心，立刻被外境牵引，愁肠万转，无法展眉。如此身心大受其累，不是很蚀本吗？生活在于追求心灵上的欢愉升华，工作时喜悦成就，哪怕吃饭、睡觉，都能欢喜自在，如此自能取代哀愁，开广心境，摆脱俗见，赶走哀愁的侵袭，让自己创造欢愉的气氛。

第二，成功可以化解失败

每个人都向往成功，学生渴望金榜题名，农民祈望硕果累累。然而人在世间，却免不了遇到失败。失败不可怕，懂得化解，重新站起，才是最重要。孙中山屡次革命，民主体制才得以建立；鉴真大师六次出航，终于东渡日本成功。生活中，你也可以制造成功的机缘，说一句好话给人欢喜，就是说话成功；做一件好事获得肯定，就是做事成功。只要心中拥有成功的信念，纵有失败，也不害怕。

第三，富贵可以去除贫困

日本德川时代的保科正之，问他的属下五卫门："什么事让你最感幸福？"五卫门回答："贫困。世界上，很多富贵的人都不快乐。我因穷，所以获得一点东西，就足以让我快乐半天。"

贫困让我们匮乏，生活不得满足。与其陷入不快之境，何不学习五卫门的豁达，心生富贵之念，保持知足之心，常存欢喜之乐，自然不觉得贫困。所以，富贵不一定由外境来，从心中流露，才是真实的富有。

第四，信心可以取代怯弱

小草不怕风雨，倒了很快又站起来；鲑鱼不怕激流，因此能逆游而上；我们也可以学习小草，从人生的困境石缝中探头出来；效法鲑鱼，让生命的信念回到源头。只要对事情有信心，对工作有信心，对自己有信心，自能取代怯弱的恐惧，勇敢面对人生种种挑战。

佛教有云："一念三千。"与其期盼外境改变，不如转化内在的心境，何苦坐困愁城，让乌云蔽日？试着转换心境，以光明取代晦暗，以积极取代消极，自能见得一片无忧无恼，开阔清朗的心灵净土。

犯错

"人非圣贤，孰能无过？"凡夫众生难免会有犯错的时候，但是"知过必改，善莫大焉"。所以人不在于无过，而在于知过能改。

过去大禹之所以为人所赞美，并不是因为他不曾犯错，而是他能"闻过则喜"；孔子的弟子子路为人所称誉，也不是因为他不会犯过，而是有了过错以后，一经人指点，他都心存感谢，甚至"闻过则拜"。因此，人犯错之后的心态如何，可以看出未来的成就大小。关于"犯错"有四点说明：

第一，智者有错必认

有智慧的人，不必然只喜欢听别人对他的赞美，有时候赞美不当，他反而觉得你很虚伪。由于智者能"不以称誉为喜"，他懂得"人之大善，在于知过能改"，因此当别人指出他的错误、缺点，对他有所指正、批评，他反而觉得受益，这就是有智慧的人，所以懂得认错才是智者。

第二，愚者有错必饰

智者改过而迁善，愚者文过而饰非。愚者只要一听到别人指出他的错误，就极力否认，其结果是"迁善则德日新，饰非则恶日积。"时下一些年轻人，也常常容不得别人说他一点不对，他马上就有一大堆理由。比方说约会迟到，他全然不怪自己，反而说："我出门时正逢交通阻塞；我刚要出门，电话就来了；我刚刚走出大门，就下雨啦！"他总有千百个理由，就是不肯承认自己有错，这就是无明的愚人。

第三，贤者有错必改

人，所以被尊为贤者，必然在事功或德业上有其足以为人典范的地方。例如颜回好学，而且"不迁怒""不贰过"，故为孔门七十二贤人之一。贤能的人唯以改过为能，不以无过为贵，只要他发现自己有了过错，必定当下立誓改过。因为不饰过失，终能达于善美，因此勇于改过的人，必是贤能之人。过去贤明的君主，如康熙大帝、汉武帝等，都曾"下诏罪己"。

第四，狂者有错必执

一个人犯了过错，并不严重，严重的是不肯改过、不肯认错。只要肯改过、肯认错，就能不断进步，就能往圣贤之路迈进！反之，一次次犯错却从不检讨自己的人，由于狂妄自大，执着自己的看法，自然一错再错。这种有错必执的狂者，只能说积习难返无可救药矣。

世界上没有十全十美的人，也没有永远不犯错的人，重要的是犯错时，能觉知反省，对他人的错失，能有胸量包容。所以，一个人是智、是愚，是贤、是狂？就看自己面对过错的心态如何。

奋起飞扬

奋起飞扬，如旭日东升，多么美丽；奋起飞扬，如飞鸟振翅，多有活力；甚至植物为了求生存，一株小草，从墙缝里长出来；一朵小花，从尘土里冒出来，也都要靠"奋起飞扬"的力量。人也是一样，你要奋起飞扬，才是人生的意义。在你的生命里，在你的生活中，怎样来奋起飞扬呢？有四点意义：

第一，要立志进取

人不立志，没有目标；人不进取，没有希望。所谓"没有天生的弥勒，没有自然的释迦"，"舜何人也，予何人也，有为者亦若是"，我要立志，我要进取，效法前贤，他好，我也要好，他大，我也要大，立定志向，设定目标，不断地精进，不断地进取，这就是奋起飞扬。

第二，要发心立愿

土地你不去开发，还是一片荒芜；心地你不去开发，能量不能发展。要成功立业，就要发心，立下你的志愿、你的发心，就能有所做为，成圣成贤。也许你会问："我要做什么？"你可以发愿："我愿做一道桥梁，给人通过；我愿做一棵大树，庇荫众人……"这都是发心立愿。又好比地藏菩萨立愿："我不入地狱，谁入地狱""众生度尽，方证菩提"，所以他就可以救苦救难，为众生所尊崇。

第三，要积极向上

积极，就是不懈怠；向上，就是不低下。人对生命，总有一股善美向上提升的希望，乃至要表达人生的真义，都必须精进向上，欣欣向荣，才能生生不息。积极向上的人生，对自己尽力，对社会大众也能有所贡献。

第四，要乐观开朗

人生没有总是顺遂得意的，你不能一下子就泄气，一下子就灰心，要奋起飞扬，就必须乐观开朗。乐观像明灯，它会照亮未来的前程；开朗如香水，它能广结芬芳的善缘。心胸乐观豁达者，凡事看得高远，就不会被眼前短暂的利益所蒙蔽；心中开朗积极，处处不与人计较，所以能成就大器。

奋起飞扬，让人感到希望无穷；奋起飞扬，让人觉得生命无限。有了这四点，就可以无事不办、无事不成。

过度之病

生活之中，人常常一不小心就过度了。比方过度饮食，无法自制，以致身心负荷过多，不能清晰思考。过度疲劳，经常打瞌睡，使得工作效率不彰；或者过度睡眠，也会精神不振，徒然浪费生命。甚至金钱太多，不知如何运用，或挥霍太多，都会出问题。过度之病有哪些？以下四点：

第一，过俭者吝啬

人要节俭，节俭才能致富。但是太过节俭，就变成刻薄、变成吝啬。人一刻薄，就会没有人缘，没有人欢喜你，别人也不肯给你帮忙；人一吝啬，行事就会不大方，眼光格局也不大，乃至被讥讽为小家子气。所以，古人说"俭约气固，吝啬气缩"，不是没有道理的。

第二，过让者畏缩

中国人讲礼让，在人际之间往来很重要，但是不能过分谦让。人过分谦让，就会变成一种畏缩，凡是一切事情，统统都给别人去做、别人去辛苦、别人去担当，那你是来做什么的呢？甚至有的人让到最后，甘心屈服于权势，不求自主，只有一生卑微。所以说，太过礼让，变成畏首畏尾，太过畏缩，只有一事无成。

第三,过谦者卑贱

做人要谦虚、要礼敬,对人要有礼貌、要尊敬,这都是立身处世的准则。但是,有的人太过曲躬谄媚,以为那就是谦虚,这种态度,反而让人感到矫揉造作,只会让人看不起。谦虚是美德,但是谦虚要有尊严、要有自尊,这样的谦虚,才是适当的、庄严的、尊重的、平等的。

第四,过速者马虎

有的人做事速度很快,无论做什么都讲究时效、效率。效率的确是要争取的,但是太过快速之后,变成马马虎虎,结果只有质量不好,重新再来,有云:"欲速则不达",就是由于过度马虎所致。尤有甚者,要求快速,变成草率,敷衍了事,任意随性,这都是非常不负责任的行为,这样的人生怎能成功?

所谓"不吃过头的饭,不讲过头的话,不走过头的路,不做过头的事"。过度,会失去现前因缘,适度,才能照顾眼前当下。因此,无论做人处事、生活起居,都不能过度。

忍的意义

　　"忍字头上一把刀"，"能忍片刻，风平浪静"；自古中国人就把"忍"视为最大的修养，并且以此传家教子。所谓"成功不由别处得，唯依忍耐天下平"，能忍，则一生受用无穷。忍，不光只是忍气、忍苦、忍怨、忍难而已，"忍"的意义很大，有四点说明：

　　第一，忍是一种力量

　　世间最大的力量是"忍"，忍的力量胜过一切刀枪拳头。所谓"忍辱负重"，忍并非懦弱退缩，而是在养深积厚中承担责任，其所蕴含的力量强大无比。美国总统林肯因为能够忍耐别人的非难挑衅，而以幽默的态度从容应付，因此赢得全民的爱戴；中国名相苏秦能忍"亲人不以为亲"而发奋"引锥刺股"，终能执掌六国相印，这都是能忍所发挥的力量，所以《佛遗教经》说："能行忍者，乃可名为有力大人。"

　　第二，忍是一种承担

　　所谓忍，就是外境加之于我的，不管有理、无理，当下都能接受，然后再加以化解、处理。佛教有名的白隐禅师，受人冤枉，只凭别人一句"这个孽种是你的"，从此带着孩子四处托钵，化缘奶水，受尽别人的讥笑打骂，从不辩白，也无怨尤。由于他忍辱承担，终于让对方感动、忏悔，而成就一桩美满姻缘。忍耐有时不仅为了自己，更是为了利益他人。寒山大师说"欲行菩萨道，忍辱护真心"。菩萨发心，犹能杀身成仁，舍身取义，这就是一种承担。

第三，忍是一种功德

忍辱是一种阴德，可以增长福报。汐止弥勒内院的慈航法师，一日如厕后发现忘了带纸，向隔壁同参化缘，岂料对方把用过的给他，但他不因被作弄而生气，反在另一次为维护对方的人格，明知钱被其所偷，仍隐忍不说。经此之后，瘦小的慈航法师身相日渐发福，终如弥勒菩萨般慈悲庄严。《大集经》说，忍是安乐之道，忍能除贪嗔、邪见、两舌，并得自在、端正、威力等功德。"忍"是不侵犯别人，而要求自己，甚至自我牺牲奉献，所以忍是一种功德。

第四，忍是一种智慧

佛教讲"忍"，有生忍、法忍、无生法忍。"生忍"就是为了生存，我必须忍受生活中的各种酸甜苦辣，不能忍耐，我就不具备生活的条件。"法忍"是对心理上所产生的贪嗔痴成见，我能自制，能自我疏通、自我调适，也就是明白因缘，通达事理。"无生法忍"是忍而不忍的最高境界，一切法本来不生不灭，是个平等美好的世界，我能随处随缘地觉悟到无生之理。所以忍就是能认清入世、出世间的真相，而施以因应之道，是一种无上的智慧。

唐伯虎的《百忍歌》说得好："君不见如来割身痛也忍，孔子绝粮饿也忍，韩信胯下辱也忍，闵子单衣寒也忍，师德唾面羞也忍，刘宽污衣怒也忍。好也忍，歹也忍，都向心头自思忖，囫囵吞下栗棘蓬,恁时方识真根本。"忍,是天地间最尊贵的包容雅量,是宇宙中最伟大的和平动力！坚此百忍,方足以应付万难;小不忍则乱大谋,甚至丧身失命,"雁衔龟"的故事就是一个最好的警惕。

忍耐

《佛垂般涅槃略说教诫经》云："忍之为德，持戒苦行所不能及。能行忍者，乃可名为有力大人。若其不能欢喜忍受恶骂之毒如饮甘露者，不名入道智慧人也。"忍耐是世间最大的力量，尤其在人我是非之间生存，更须坚守百忍，方足以应付万难。忍耐的好处有四点：

第一，休却多少麻烦

狠话到了嘴边，冲口说出，伤害很大，若能忍得下这口气，就可以和睦相处；遇到艰难困苦，轻言放弃，所有努力都是白费力气，若能忍耐一时，就多一份力量承担。所谓"欲成佛门龙象，先做众生马牛"，凡事得忍耐。先忍之于口，是为下忍；再忍之于面，是为中忍；能做到凡事不动心，才是上忍。能够忍得住，一切麻烦都会化为生命的养料。

第二，增加多少欢喜

忍耐是天地间最尊贵的包容雅量，过去东德西德打破砌立已久的柏林围墙，互相交流；欧洲各国纷纷去除过去的成见，为设立共同市场而孜孜努力。可以说，忍耐是宇宙中最伟大的力量，难行能行，难忍能忍，最后一鼓作气，排除万难，终能饶益众生，增添无限欢喜。

第三，泯灭多少代沟

时代日新月异，观念代代不同，每个人都有许多不同的主张、理念和做法，彼此要相互尊重，容忍各种差异，长者不要倚老卖老，应常常吸收新观念，年轻人也不要自以为是，要懂得承袭经验。如此，不同世代能互让一步，就可以相处融洽。忍耐是一种力量，是一种慈悲，是一种智慧，更是一种相处的艺术。

第四，消除多少怨尤

怨天尤人不但不能消除烦恼，反而更会制造问题，唯有忍耐能够解决问题。工作的烦劳，为了责任要忍耐；生活的琐碎，为了生存要忍耐；家人的絮叨，为了亲情要忍耐。忍耐是认知真相，在面对荣辱毁誉时，更有勇气面对。忍耐忙碌、忍耐奔波、忍耐劳累、忍耐疲惫，忍耐过后，人生会更美好，更开阔。

忍有三种境界：生忍，是为了生存，在人间必备的耐力；法忍，是转识成智，运用佛法而产生的智慧；无生法忍，则是随缘随处能洞察一切事物本不生灭的自在境界。

能忍为高

　　一个人表现力量的方式有很多，例如以大声、以拳头等。其实，大声不见得是力量，相反的，正因为他没有力量，所以用大声来掩饰；正因为他没有力量，所以只有伸出拳头，表示有力。真正有力量的人，不是大声，不是拳头，甚至不是刀、不是枪，真正有力量的是"忍"。能忍者高贵，能忍者高尚，甚至能忍者高明，为什么"能忍为高"？有四点说明：

　　第一，忍难者必能奋斗

　　一个人遇到艰难的时候，他可以接受挑战，忍受得了挫折失败，必定具有奋斗的精神。鉴真大师东渡日本六次，终于抵达，成为"日本文化之父"；玄奘大师"宁向西天一步死，不回东土一步生"，其横越沙漠，留学印度，集佛学家、译经家、外交家、地理学家于一身的成就，可谓"万古仰完人，大汉声威扬异域；千秋传绝学，盛唐文物震全球"。所谓能忍难者，必能冲破难关。

　　第二，忍辱者必能知耻

　　有的人，你骂他，他不计较，甚至打他，他都不给你回报，不要以为他就是怕你，不是的，而是还没有到那个时候。所谓"知耻近乎勇"，他能忍下一时的耻辱，忍下一时的困顿，他会知道要奋发图强。有朝一日，他会争出一口气。

第三，忍气者必能和谐

在很多的人事当中，最难忍的，就是忍一口气。生气时，可以自问一下：气的价值多少？能有多久时间可以气？你可以忍住一口气，就能大事化小，小事化无。唐寅说得好："是非人耳君须忍，半作痴呆半作聋。"小忍，个人是非，转眼即过，大忍，如古人有谓"相忍为国"，这种识得大体，才能促进和谐，才是有大力量者。

第四，忍苦者必能甘美

古人说："莫大之喜，苦尽甘来。"人生艰难困苦，无时无之。所谓"能受苦方为志士，肯吃亏不是痴人"，假如我能不怕苦，接受苦的考验，把苦渡过去，我的力量就大了。

什么是忍？忍是认识，是化解，是处理，是担当，是智慧，这就是一种力量。"能忍为高"，这四点意见，可以作为我们修行的方向。

后顾之虑

"人无远虑，必有近忧"，做人不但要眼光看得高、看得远，还要有"后顾之虑"，也就是要能看得清自己的前途，也要看得到后退之路，要懂得预留余地，以便将来有个回头转身的空间，所以，"后顾之虑"也是一种处世的哲学。

如何才叫有"后顾之虑"呢？有四点说明：

第一，晴天要备雨天伞

朱子《治家格言》说："宜未雨而绸缪，毋临渴而掘井。"凡事有备则无患，"有时"要思"无时"时，所以天气好的时候要备妥雨伞，以防天有不测风云；秋天时节要多积聚粮食，以便安心过冬；白天要准备好手电筒，则何惧黑夜来临？甚至对于大自然的天灾地变，人类虽然没有办法完全抗拒，但还是可以通过事前的预防来减少灾难的伤害，所以，居安要思危，晴天要备妥雨天伞，这是很正确的生活态度。

第二，上场念及下场时

人生没有不散的筵席，人生也没有不落幕的舞台。一出戏剧，当曲终人散的时候，演员必然要谢幕下台；一场讲演，当理念传达之后，讲者终要鞠躬下台，所以有上就有下，这是必然的定律。然而偏偏有的人不懂这个道理，所谓"上台容易下台难"，甚至有的高官大员，一朝上台得势了，真是鸡犬升天，可是一旦失势后，失去了地位又该怎么办呢？所以，当处高位的时候，就应该想到总有一天要下台，千万不能盛气凌人，到处树敌，因为上场要念下场时。

第三，盛时要做衰时想

盛衰荣辱，人事更迭，这是人生难免的经历。有的人少年得志，有的人家财万贯，有的人才华横溢，人缘极佳，到处逢源事事顺利。但是你要知道，世事无常，月有阴晴圆缺，人也有生老病死，世间一切事都是成住坏空，当你飞黄腾达、盛极一时的当下，你可曾想过衰败的时候怎么办？所以最好要早做预备，所谓狡兔有三窟，蚂蚁储粮过冬，蜜蜂也要酿蜜，人怎可没有忧患意识？因此盛时要作衰时想。

第四，顺境要想逆境来

潮水有涨有落，人生有顺有逆。当处逆境的时候，固然要懂得顺境因；如果处在顺境里面，更要想到万一逆境来时怎么办？所谓"当得意时，须寻一条退路，然后不危于安乐；当失意时，须寻一条出路，然后可生于忧患"。所以不管身处顺境、逆境，唯有随喜随缘，才能找出通路。

总之，凡事预则立，不预则废，懂得"后顾之忧"，自可免于遇事惊慌，举足失措。

思虑与知过

世间人的才智有高下之别，心性有贤庸之分，有些人既聪明又贤能，有些人既老实又平庸。如果自觉是平庸的老实人，也不用自卑，平庸憨愚不是罪恶。我们宁可作个平庸的好人，也不要做机智的坏人；宁可没有智慧，也不要做为害人间的聪明人。贤智与平愚，没有先天的好或恶，只是要知道守智守愚的重要。在此提出四项要点，供大家思虑与知过：

第一，智者千虑，必有一失

有人自以为很聪明，在人际关系上八面玲珑，在处事上面面俱到。为人处事能够心思缜密，当然很好，但千万不可自高自大。因为，聪明的人对问题虽然深思熟虑，偶尔也会失误出错，正是所谓的"智者千虑，必有一失"。即使聪明过人，也要能虚怀若谷。

第二，愚者千虑，必有一得

唐代贞观八年，太宗征调数万民工建洛阳宫，人民苦不堪言，皇甫德上书直谏，太宗大为生气，想治以重罪。魏征劝谏太宗："自古以来凡是臣下上书，不激切就不能动人主之心。常言道：'狂夫之言，圣人择焉。'"太宗猛然醒悟，反而赏赐皇甫德20匹布绢，以示鼓励。《史记》说："愚者千虑，必有一得。"虽然心智平庸，如能学习静心思考，观察人微，偶尔也会有一句好话，或提供一个好意见。

第三，智者改过，心知迁善

并不是才能过人，智慧高超的人，就不会有过失，只不过他知过能改。颜渊是孔子七十二弟子中最聪明的一位，但是令孔子最念念不忘的，是他"不迁怒，不贰过"的品性。聪明才智者，若只是改过，还属于消极，更要积极地去过迁善，善用自己的才智做好事，为人间谋福利，才不辜负自己的智慧。

第四，愚者耻过，心知向上

平庸憨愚的人，能对自己的过失感到可耻，就是美德。所谓"知耻近乎勇"，知道过失的可耻，就是有惭愧心。在《百法明门论》中，"惭"与"愧"是11个善心所之中的2个，这两种心念均能使我们的行为更加光洁。一个人有了惭愧心，必定能力求向善向上，改过迁善。所以，虽然愚笨，只要耻于过错，必定可以得救。

心智的智愚贤庸，与业力有关，非我们所能决定。但是，不管是聪明的贤才，还是平凡的庸才，只要能够"思虑与知过"，都是人才。

退一步想

人生有前面的半个世界，也有后面的半个世界，一般人的眼光只看得到前面，看不到后面，因此每天在前面的半个世界里，与人争得头破血流。其实有时候懂得"退一步想"，眼界会更宽，世界会更广。"退一步想"蕴含无限的人生哲理，说明如下：

第一，狡辩不如木讷

做人最大的修养，就是无争。有的人好与人辩，凡事总要争个高低，辩个输赢。其实有理不在高声，理不是狡辩得来的，所以如果无理的话，尽管你再怎么能言善道，唇枪舌剑，理也不会站在你这一边。反不如木讷的人，与人无争，更让人觉得他通情达理，所以木讷反而能表达道理。

第二，多言不如沉默

俗语说："多言不如多行"，所谓"多言"，也就是不当言而言、不必言而言，都是多言。有的人好讲话，别人讲一句，他可以滔滔不绝地讲个十句、二十句，甚至十几二十分钟。其实"言多必失"，多言不但取厌，而且是招怨之由，所以古人惜言如金，所谓"沉默是金"，又说"危莫危于多言"，实乃智慧之语。

第三，妄动不如待机

《佛光菜根谭》说："心不妄念，身不妄动，口不妄言，君子所以存诚。"有的人好表现、好出风头，常常在事情还未定案，机缘尚未成熟时便抢先行动，以致功败垂成。就如唱歌，如果抢先一拍，必然走调。所以凡事要待机，机就是机缘、机会、机遇；机缘未到，不可以轻举妄动，否则功亏一篑，得不偿失，因此，凡事不妄动，动必有道。

第四，忙乱不如条理

"有计划，则不乱；有分工，则不忙。"有的人做事没有条理，乱忙一通；有的人跟在别人后面穷忙，甚至越帮越忙。其实不管做人、做事，理路要清楚，要懂得灵巧，尽管事情再多、再忙、再乱，要懂得从忙乱中理出头绪来，所谓"乱中有序"，千万不能盲目地乱忙，如此不但事倍功半，也失去了从工作中学习的机会。

退一步想，就是一种逆向思考；退一步想，才能超越原有的框框；退一步想，世界会更宽广。

宽广之理

我们常形容，宇宙好大，虚空宽广，乃至大海壮阔、高山峻拔，这"大、广、阔、拔"，都有一个"宽广之理"，如何从这宇宙虚空、山河大地学习宽广深厚的道理呢？有以下四点意见：

第一，河以蜿蜒故能远

河川因委蛇蜿蜒，故能源远流长。你看，印度恒河、中国长江、黄河，无不纳百川、收石岸，而曲折绵长，气势磅礴。我们为人处世也是一样，遇到瓶颈困境时，能如河水，遇山、遇石，不怕障碍，婉转以待，就有回转的余地。真净禅师云："心随万境转，转处实能幽；随流认得性，无喜亦无忧。"因此，懂得像河水一样蜿蜒，必能扭转乾坤，宁静致远。

第二，山以重叠故能高

所谓："泰山之高，非一石也，累卑然后高。"山之所以嶙峋峻拔，是起于微尘，层叠高起。而"干天之木，非旬日所长"，也无不说明万物生长，需要养深积厚，具备积累之功。因此，我们更应自我惕厉，要想"欲穷千里目"，就得要有日积月累的努力，才能"更上一层楼"。

第三，心以涵蕴故能容

古德云："唯宽可以容人，唯厚可以载物。"人我之间，之所以会有许多纷争、烦恼，都是出于气量狭小。反之，若是不断扩展自己的心量，涵容一切，蕴藏十方，把万物、众生都包纳在自己心中，不锱铢计较，自能"心包太虚，量周沙界"，身心宽阔，神怡意远。

第四，气以进出故能平

"气"，有进有出，一呼一吸，才能平和，没有说只能呼，或只能吸，而平顺的。因此，"气"要有进有出、有来有去才能通畅。我们的心也是一样。你吸进贪嗔痴种种烦恼不平之气，不排遣、不化解，如何平衡？所以气要能进能出，心要能宽能广，尽其虚空，遍满法界，无所不包，无所不容，就能开阔，自得平和。

"为学要如金字塔，要能博大要能高；为学要如群山峙，一峰突出众峰环"。成长，从小处慢慢增长，知识，从有限慢慢增多。要让自己进步，就要学习河的蜿蜒、山的重叠、心的涵容、气的进出，培养宽广的胸襟，体会宽广的道理，人生才能远、才能高，心中才能容、才能平。

不乱

有人说现在社会的秩序很乱。日常生活中，我们不也常在乱里生起无明、杂念吗？其实乱并不可怕，只要知道乱源在那里，正本清源，就能解决问题。如何将纷乱归于清净呢？有四点看法：

第一，不乱说而有诚信

我们在社会上与人交往，须秉持"有几分则说几分话"的原则。随意妄语不实，颠倒是非，即使短时间察觉不出来，但是"日久见人心"，只要让人听出虚假、欺骗，就很难再得到别人的信任，尤其在凡事讲求实证的文明时代，无法确认的言语，如果信口胡诌，不但给自己惹下祸端，也会对别人造成莫大的影响与伤害。

第二，不乱行而有威容

君子洁身自爱，凡不符合道德的地方，不去；非法的言论，不说；非法的道理，不信；会乱人眼目的，不看，自然能养成浩然正定之气，进退得宜，行止合度而威仪具足。

第三，不乱交而能保身

每个人都需要朋友，但是交朋友一定要经过审慎选择，注意对方的品性、道德。古人言："近芝兰，则气味日馨；近恶臭，则污秽日增。"如果交到坏朋友，整天游手好闲，吃喝玩乐，甚至为非作歹，跟这样的人为友，即使不被熏染变坏，也难保有一天，不会因对方做了坏事而牵连受害，所以，不与品性不良的人做朋友，是自保之道。

第四，不乱嫉而能有容

做人，要有"希望别人好"的气度。社会上有些人见不得别人好，只要看到有人比自己好、比自己强，就心生嫉妒，甚至打击、障碍对方，最后弄得同归于尽。嫉妒犹如一把火，不只是烧毁一个人才，而是烧毁整个社会的成就。人，要能互相助成，互相赞叹，要有"沾光"的心态，对于他人的成就、荣耀，能够乐见其成，随喜功德，就是一种心量的修行。

不论修行或待人处事，最高理想是能够"一心不乱"；整日在贪嗔痴里流转、追逐，当然无法将心安住在正念之上。如果能够不当做的不做、不当说的不说，所行所做合于法律、规矩，就能治心不乱，不为诱惑所乱，不为无明所扰。

承担的定义

成功是一连串经验的积累，做人要勇于承担责任，要肯付出才能杰出。欲培养承担重任的力量，首先要从自我认识、自我训练做起，尤其不必讳言或逃避自己的短处，能够勇于面对自己的缺点的人，才能进步。承担的定义就是：

第一，对事不推诿

与人共事，最怕遇到居功诿过的人，有功是自己的，有过则推得一干二净，这种人没有人愿意跟他共事。另有一种人，遇事推诿，永远不敢承担重任，这种人前途有限。最好的做事态度，就是对事不推诿，这种人当下承担，大部分都是能干型的人，所以较能受到主管的重用，比较有机会承担重任，自然成就非凡。

第二，对人不官僚

做人免不了要面对大众，面对大众一定要对人谦虚、礼让、尊敬，才能得到别人的欢迎。有的人做事喜欢打官腔，喜欢摆架子，就被称为官僚。有官僚气息的人，当别人有求于他，不仅不给人方便，甚至以折磨人为乐。这种人缺乏与人为善的修养，其实也显示自己的能力不足，所以有承担力的人，对人绝对不官僚。

第三，对己不散漫

人生在世，要想有一番作为，除了别人的助缘以外，最重要的是自己本身要健全，例如学识才能要具备、胸怀眼界要高远，身体心理要健康、生活作息要正常等。尤其要有积极进取、奋发向上的精神毅力，时时保持精进乐观的动力，不可懈怠、退缩、萎靡、散漫，如此才有能力、精神、体力承担重任。

第四，对主不怨言

承事主管，要任劳任怨如大地，大地能长五谷、冒甘泉，却任人践踏而默默无言。为人属下者，也应具有成就主管的心胸，凡事多承担，多受委屈，如此必能受到上司的赏识。反之，如果经常抱怨发牢骚，主管自然不会重视、提拔你。所以如何与主管相处？最重要的是不要有怨言，要有"居下犹土"的修养。

一个人能够承担与否，往往就看他吃亏上当的功行有多深。吃得起亏上得了当，还能甘之如饴，面不改色，才能造就包容天地、忍耐异己的胸襟。

如何豁达

有一句话说：“成熟的人不问过去，聪明的人不问现在，豁达的人不问未来。”心胸开阔的人，把握当下，心里没有半点障碍，人生任何处境，都能面对处之。如何才能豁达呢？以下四点：

第一，发财不如发心

《劝发菩提心文》：“入道要门，发心为首。”发心，是肯定自己的力量。从发心中，可以拥有无尽的财宝。发心工作，会获得成就感，你努力付出，也会增加升迁的机会；发心研读，能读出学问的趣味，智慧知识愈来愈广博；发心修行，内心多一层体悟，自然多一份自在。世间的财富，会有用完的一天，发心的财宝取之不尽，用之不竭。

第二，改运不如改心

俗话说：“乌鸦的声音不改，飞到哪里都不受欢迎。”一个人如果心念不正，看什么都是歪的。如果不想被命运束缚，就要改变自己的心念，把污秽的心，改为清净的心，把邪恶的念头，改为纯正的念头；改掉情绪化的脾气，改掉逞强好斗的个性，运气自然会好转起来。

第三，治世不如治心

社会上有环保问题、经济问题、民生问题、治安问题、青少年问题……种种问题层出不穷。面对这些社会的沉疴，有人希望用严刑峻法，有人希望用种种条规约束，这都还是治标不治本。真正的问题出在人心，从人的自私、嫉妒、嗔恚、邪恶的心治起，大家的心治好了，这些问题就会有所解决。

第四，救人不如救心

有一则《中山狼》的故事，叙述东郭先生救了一匹狼，反而差点被狼吃掉，比喻不从心救，纵使救活，它还是不离旧习。该如何救人呢？贫穷的人，要帮助他有谋生的能力；懒惰的人，要激发他奋发向上的力量；苦闷的人，要帮助他建立正向的人生观。救了他的心，他的人生就跟着提升了。

豁达的人，处在困境能够安忍，处在顺遂乐于助人，处在疑惑找出答案，无论何境，都能为生命找到出路，因此能随遇而安、随缘生活、随喜而作、随心欢喜。

自我超越

现代人凡事讲究超越，超越现实、超越别人，甚至超越时间、空间，其实最重要的是超越自己。所谓"丈夫要有冲天志，不向如来行处行。"人的潜能是无限的，但需要被开发才能显现出来。"自我超越"有四点：

第一，超越心智

我们的心可以有多大？无量无边。所以，扩大我们的心，就是超越；我们的智慧有多少？即使你很聪明，但是天外有天、人外有人，还是有人比你更聪明，因此我们要自我超越，才能将智慧开发到极致。佛陀是一位觉者、一切智者，无所不知、无所不明，我们也应该学习明白人、明白理、明白事，才能成就大智慧。

第二，超越能力

常有人感叹自己的能力不足、学识不高，其实每个人都不应该贬低自己的能力，不应该画地自限，因为能力是可以训练的，一旦发挥潜力，能力将会提升，最重要的是在于你的用心有多少，勤劳有多大，产生的力量就有多大；你的恒心有多长，进步就会有多少。

第三，超越古今

有的人喜谈过去的丰功伟业，却忘失当下应作的努力；有的人喜谈现在的成就，而忘记历史是一面镜子，可以鉴古推今，文化、道德可以升华人格。其实过去的未必全是好，现在的也未必都对，要能超越古今，才能博古通今；要能超越古今，才能豁然贯通。

第四，超越时空

有的人上班8小时，只做8小时的事情，但是有的人，同样是工作8小时，却可以做20小时、30小时的事情，因为在同样的时间里，他懂得精简手续、提纲挈领；相同的道理，空间虽然不大，但是你的心大，就能超越空间的局限，好比阿弥陀佛的无量光、无量寿，是超越了时间、超越了空间的真理。

人生因为"无常"，没有定型，所以有无限的超越空间；人的潜力无穷，不应荒废，所以应当积极开展。人要能自我超越，才能创造美好的、积极的人生。

卷三 ｜ **智慧之喻**

智慧是人人本自具有的，

无论是从闻、思、修得来，

或从文字、从观照、从实相而得，

只要开发内心自性，则智慧无处不在。

圆融之难

我们称佛陀为"两足尊"，是因为佛陀福慧兼修，以福慧圆融而成正觉。圆融很重要，却不容易做到。"圆融之难"有五点：

第一，学道不难于慧解，难于证悟

不管是世间或出世间学，书中的道理，只要认真都不难理解。例如数学上的三角函数、几何学、微积分虽难，练习久了，也会掌握其中的诀窍。佛经的微言大意，虽不易了解，只要勤听讲、背诵，久之，也多少能理解。可是，"知"道不难，"行"道难；慧解不难，证悟难。再好的道理，没有亲自实践、体证，也无法悟道，无法真正地受用。

第二，发心不难于勇锐，难于持久

佛门有句警语："菩提心易发，恒常心难持。"一个人很容易为了一时的感动，而立大志、发大愿，如我要为社会、国家奉献、我要努力修行、我要用心办道。但是，这样猛锐的心，却往往难于持久，只有5分钟的热度。俗语说："君子立恒志，小人恒立志。"要有所成就，不只要具备初发心的勇猛，更须保持恒常心。

第三，涉世不难于变化，难于慎重

许多人拥有八面玲珑的处世技巧，能顺应环境和人际的需求，优游自在地浮沉于人生洪流里。可是，在任何变化中能坚守不变的原则，能有外圆内方的智慧，能有耿介不阿的风骨，如此不变随缘、随缘不变的圆融，就非常不容易了。

第四，做事不难于敏达，难于深忍

我们做什么事情，要达到敏捷快速，具有视实际情况而通权达变的机智并不难；困难的是耐烦、耐怨、耐讥、耐辱。对于别人的辱我、骂我、欺我、谤我、笑我、轻我……拾得禅师说只要"忍他、由他、耐他、让他、不理他"；我们会觉得处处难过，就是没有"忍他、由他、耐他、让他"的深忍功夫与智慧。

第五，研义不难于接受，难于精确

读书、作研究，要接受书中的道理，并不困难；困难的是如何精确理解。佛陀说法时，总不厌其烦地告诉弟子："谛听！谛听！善思念之！"谛听，是第一层功夫，专心听讲，才能真正听到和接受。"善思念之"是第二层功夫，不仅要注意听，还要用心思考，唯有思考之后，才能真正理解，而不会误解、错解。

事与理能够兼具、兼顾，就是圆融。圆融之道有其甚深的智慧，希望大家在日常生活中都能惕厉敬谨，自我期许早日达到圆融的境界。

欠缺之圆

有些人希望自己能有完美、圆满、至善的人生，希望拥有最好的际遇，而不要有所欠缺。但是这个世间上没有真正完整无缺的东西，苏东坡说得好："人有悲欢离合，月有阴晴圆缺，此事古难全。"人生就因为有些缺憾，才懂得珍惜，懂得努力，而也在期待"更圆满"的过程中，希望无穷。

第一，物忌全有

一个人什么都有了，财产多得不可胜数，物质丰厚不可知数，学历达到最顶尖，甚至家庭美满，妻贤子孝，什么都俱全，有时也会茫茫然若有所失。因为"高处不胜寒"，不知接下来还有什么需要用心奋斗的。物不求全，反而有努力的空间及趣味。

第二，人忌全美

《庄子·德充符》描述一个相貌极为丑陋的哀骀它，男人与他相处之后，就会思念他，不想离开他，女人与他相处后，甚至想嫁给他。孔子说，这样的人是因为他的德性感动了人，让人接受，喜欢亲近他。一个人若求十全十美，又美貌，又有才干，又十项全能，文科理科全会，诗书艺术都懂，即使不自高自傲，也容易让旁人自惭形秽，而不敢与他亲近。

第三，事忌全盛

《易经》干卦九五的爻辞说"飞龙在天"，意指地位极尊，处境极优之时，如同在天上一般得意。可是，若再上一层的"上九"，爻辞就是"亢龙有悔"了，意思是地位到了顶峰，权势接近极巅，事务之盛到接近极强处时，就要当心由于"满"而遭到败亡之祸。因此，做什么事不一定要求最大、最盛、最好。

第四，心忌全满

"满招损，谦受益"，虽是老生常谈，却是人间至理。一个人志得意满，易起高慢之心，别人的劝诫，任何教诲、训示都容纳不了，就像一只装满水的水壶，再也容不下一滴水。一个人心太满了，就只能故步自封，难有什么进步。一山还有一山高，强中自有强中手，还是谦虚一点好。

俗话说：天妒红颜、天妒英才。太求圆满了，连老天爷都要嫉妒呢；让老天爷嫉妒了，还能有什么好？一个人能欣赏残缺的美丽，享有残缺中的圆满，才能够体验人生的真滋味。

巧之妙

美人，巧笑倩兮，引人目光不移；百花，争奇斗艳，惹人称赞不绝；女红，精致小巧，令人爱不释手。佛陀说法度众，运用巧妙譬喻；禅师点拨学人，也要给你灵巧。人无论学习什么知识，学习什么技术，最重要的就是学习一些巧妙。巧妙之道有四点看法：

第一，巧匠成就事业

《孟子》："公输子之巧，不以规矩，不能成方圆。"能工巧匠，能锻烂铁成精钢；慧心巧手，能化腐朽为神奇。鲁班以他的巧工，成为工匠祖师；嫘祖以她的巧手，成为蚕桑之神。美国人强思顿，为解决绑鞋带的不方便而发明拉链；日本索尼企业董事长盛田昭夫，为满足人们随时可以听音乐的欲望而发明"随身听"。生产现代科技、商品，也必须要有巧慧，制造的产品才能获得大众的选用与喜爱，所以，一个人要有慧心巧思，事业才能成功。

第二，巧妇成就家业

灵巧慧性的家庭主妇，蕙质兰心，她会把菜做得美味可口，把家布置得干净整洁，为丈夫打点得清清爽爽，帮孩子装扮得漂漂亮亮。她懂得如何与邻居往来联谊，知道怎样协助丈夫的事业。家中一幅画的摆设，一盆花的插放，都会显出她的灵思巧慧。因此，有巧慧的女主人，家业容易成就。

第三，巧心成就智慧

一个人有巧心，就会流露智慧巧语。圆瑛法师一句话"不用打了，我自己走"，化解了尴尬场面；丹霞禅师因为一句"选官何如选佛"的提醒，成就了法身慧命。有巧心的人不会呆板滞碍，有巧心的人明理通达，在做人处世、应对进退之间，都能慈悲以对，成就智慧。

第四，巧慧成就人缘

有灵巧智慧的人，懂得为人留一点余地，知道为人多一分设想。所谓"小小的用心，积累无量的缘分；小小的资本，成就宏大的事业"。一个人心中有别人，就能竖穷三际，横遍十方；一个人眼里有世界，就会观照四方，面面俱到。所以，日常生活中懂得处处以巧心智慧体贴别人，就能广结人缘。

玄奘大师以方便善巧度化窥基大师，佛陀以吉祥草喻巧化众生苦恼；巧是贯通的慧解，是敏捷的反应，是活用的经验。"养成大拙方为巧，学到愚时才是贤"，每一个人、每一件事情，甚至于每一句话、每一个念头，都要有巧妙。没有灵巧不能成功。

智慧之喻

人类有了智慧，才能分辨美丑、邪正、真伪；有了智慧，才懂得深思，拣择是非善恶，断除烦恼。菩萨行六度波罗密，也要以般若智慧为导航，行于布施、持戒、忍辱、精进、禅定，一切修行才能圆满。智慧之喻，有四点：

第一，智慧如金刚，利断烦恼

金刚石是世间最坚硬的宝石，不是一般物质可以破坏的，用它当武器，不但坚固，且锐利。因此佛教常以金刚的功用，比喻智能能摧破一切无明，断除一切烦恼，去除惑业障难，还能令众生惊觉，如文殊师利菩萨的慧剑，斩断情牵束缚，摆脱名枷利锁。

第二，智慧如日月，扑灭黑暗

夜以继日的赶路者，因为有月光的引导，带来许多方便；东方日升，黎明一至，赶走昏暝长夜，把众生从沉睡的迷梦中唤醒，开始活力充沛地干活。黑暗如同众生的苦恼、愚痴、无明，智慧之光好比日月，能照除一切暗昧不明，除去诸多疑惑，而掌握确定的方向。

第三，智慧如伞盖，庇荫众生

伞盖代表尊贵、权势、富足、胜利、自在，一般的伞能遮挡免除炙热、日晒、雨淋之苦。智慧的伞盖，不但能隔离尘嚣扰攘，远离垢秽污染，还能善观因缘，巧妙处理问题，抉择善法，扭转阻碍，摒弃恶法。拥有智慧的伞盖，不会被困境打倒，不仅保护自己，也能庇荫他人。

第四，智慧如虚空，含藏万物

智慧像虚空般广大，遍周法界，包罗万象，日、月、星宿，山、河、大地，恶人、善人，恶法、善法，全都含藏在虚空之中。智慧之心，静时一念不生，绝诸颠倒，如如不动，万物同体；动时诸根并用，万善圆彰，心所行处，无诸障难。

智慧是人人本自具有的，无论是从闻、思、修得来，或从文字、从观照、从实相而得，只要开发内心自性，则智慧无处不在。智慧如明灯，精进如灯芯，善行如灯油，功德如灯光，内在的智慧付诸实践，才能发挥生命的真谛。

智慧之用

每一个人都拥有如大海般的智慧宝藏，此智慧深邃广阔，有着不可思议的妙用。《大智度论》言："内心智德厚，外善以法言，譬如妙金刚，中外力具足。"拥有智慧的人，能看清世间真相，长养善法，而得清净、富贵。究竟智慧有何妙用呢？有以下四点譬喻：

第一，智慧如地，长养众善

大地能够生长万物，智慧也是一样，能够长养众善。所谓"菩萨畏因"，菩萨具有甚深智慧，能明白因果的本末，时时处处皆具自觉力，所以能长养善法，常游毕竟空。有智慧的人，也懂得修福积善，凡事能以积极、善美的角度面对和处理，自然能培植福德，长养众善。

第二，智慧如水，洗净垢秽

唐朝悟达国师过去世时，曾与晁错结下冤仇，此世当了国师，一念傲慢心生起，晁错得以化成他膝盖的人面疮，让他剧痛不堪。后来，因为智慧力及三昧法水的洗涤，终能化解，生命也因之升华。《文殊师利问经》有言："诸过为垢，以智慧水，洗除心垢。"智慧就像山涧潺潺清水，能洗净身心的垢秽，让人沁凉自在，坦荡安乐，获得重生。

第三，智慧如风，吹散忧悲

智慧如风，能吹散忧悲苦恼。有智慧的人，明理冷静，不以情绪处事，不会随着外境而患得患失，起伏动心。面对种种批评毁谤、挫折困顿，都能视为磨炼身心的逆增上缘，而从中创造另一番光明的天地。

第四，智慧如船，能渡苦厄

有智慧的人，能洞察事相，对世间具备正确的认识和了解，不会为烦恼所缚所转。因此，佛陀在《佛遗教经》里劝勉佛弟子："实智慧者，则是渡老病死坚牢船也，亦是无明黑暗大明灯也，一切病者之良药也，伐烦恼树之利斧也。"有了智慧，明白宇宙因缘果报、苦空无常等真理，自然能遇苦不以为苦，而坦然自在了。

大鉴禅师云："身喻世界，人我喻山，烦恼喻矿，佛性喻金，智慧喻工匠，精进勇猛喻錾凿。"如果我们能像工匠一样，精进勇猛，持续地錾凿，终有一天可以体得智慧的妙用。

可与不可

人生存在这世间，有很多可与不可的事。像古人说的"歹路不可行""害人之心不可有，防人之心不可无"，都是警惕人们行事要谨慎小心。"往者不可及，来者犹可待"，说明过去已无法改变，后悔、懊恼都无济于事，只有把握现在的因缘，未来还是有希望。哪些可？哪些不可呢？有以下四点：

第一，做人可善不可恶

心有十法界的分别，存好心，恶人也会成为善人；心趋向恶，好人也会变成坏人，善恶之间全取决一心。所谓"善似青松恶似花，看看眼前不如它，有朝一日遭霜打，只见青松不见花"。为善，可能看不到立竿见影之效，但积累福报善缘，终成大善；为恶，可能满足一时快意，但自伤伤他，自尝恶果时，只有自己受苦，实在不可小觑。因此，做人可善不可恶。

第二，立志可大不可小

有一句话说："心量有多大，成就就有多大。"立志小，心量当然有限；立志大，利益千万人，成就当然无限。你立下大志，有愿景、有目标，就能经得起时间、挫折的考验，烦恼、苦恼的试炼，忍耐得了千辛万苦。因此，无论做任何工作，甚至修行，能够立下大志愿，努力实践，成就会在前头等着你。

第三，说话可易不可难

有人说话喜欢绕圈子，让人听不懂他要说的重点；有人喜欢咬文嚼字，让人听得一头雾水；有人为了表现自己很有学问，反复论述，大家只有似懂非懂。其实，讲话最重要的是简单明了，深入浅出，让人听得懂，才能达到讲说的目的。

第四，做事可好不可坏

现代社会上，许多价值观被扭曲。例如有人为了出名，不惜以身试法；有人为了金钱，不顾骨肉亲情，这样的行为，一生还会有什么未来前途呢？做人除了存好心、说好话，还要做好事，我帮助你，你帮助他，效法观世音菩萨的精神，伸出双手，施予慈悲，救苦救难，让我们的周围、家庭、社会、国家，都能有善行的循环，那么当下就是一片净土了。

情意是"只可意会，不可言传"；因缘是"机不可失，时不再来"；有些人是"只可同患难，不可共安乐"，但也有人是"三军可夺帅也，匹夫不可夺志也"；世间无论做人处世，都有种种的可与不可，能否安全过关，就靠我们智慧的判断与选择了。

过失

常言道："人非圣贤，孰能无过。"这是古德勉励我们不怕犯过，只要能改过。过失，确实是难免有的，但重要的是，不能以此为借口，要知道自己的错误，知道改过。遗憾的是，很多人不断地犯过，可是他就是不肯承认、不肯改过。尤其，一个人若只看到别人的过失，看不到自己的错误，就永远不会进步。"过失"有哪几种？有以下四点：

第一，他人的过失，在我们眼前

我们的六根总喜欢攀缘外境，看到别人做得不对、说得不对、行为不好，这也不行，那也错误，把别人的过失看得清清楚楚。其实，终日寻看别人过失的人，他自己的苦恼必定愈来愈多，甚至无法负荷。只有对别人过失，以宽宏的心来包容，那么他的烦恼才会愈来愈少，心量才会愈来愈大，世界也才会愈来愈宽广。

第二，自己的过失，在我的背后

人对于自己犯的过经常看不到，为什么？因为一般人最大的弱点就是护短，他总是习惯宽恕自己、原谅自己。不敢面对自己的过失，那也罢了，更严重的是，覆藏自己的过失，把自己的过失藏在背后。一个看不到自己过失的人，人生想要有所突破、进展，人格要有所升华、超越，那是很难的了。

第三，语言的过失，在坏事伤人

人最容易犯的过失，就是这一张嘴。常常有人形容，某人是"乌鸦嘴"，意思是说话像乌鸦叫，人家不喜欢听；或是某人言语尖酸刻薄，话里带刺、带刀，这些话说来伤人，甚至会"成事不足，败事有余"。

第四，心里的过失，在谋人害己

沥益大师说："境缘无好丑，好丑起于心。"心，有了过失更可怕，有时候心里犯下贪、嗔、愚痴、邪见、妒嫉，人家不知道，其实自己心里最明白。甚至有时起了这样的心念，自己都没有察觉，在嗔怒他人的同时，已造恶伤害到自己。这就是谋人害己，实在得不偿失。

因此，无论是他人的、自己的、语言的、心里的过失，自己都要改。自己不改，小过失积累多了，就会成为大过失，届时，人家已不能容纳我们、不能原谅我们。

惠能大师曾说："自己心中没有过失、罪恶，没有嫉贤妒能的心理，没有悭贪嗔忿的念头，没有劫掠杀害的意图，这就叫作戒香。"远离了以上这四种"过失"，我们自身人格也会拥有戒香。

行走世间

近年以来，由于本地社会讲求道德的声音低落、价值观念的偏差，导致现今乱象丛生，上下、同侪、群我等伦理人际关系失序。生存在这纷乱无序的世间，应该本着什么样的心念做人处世呢？有以下四点：

第一，对世间不望益我

现代社会大多以利为导向，养成利益熏心、贪求欲望的习气，许多人念念只想父母、朋友、别人能给我什么，而不想自己能给人家什么？一味只想别人给我，就是表示自身的贫穷。《宝王三昧论》说："见利不求争分，利争分则痴心妄动"，假如对世间不望益我，对得失不希不求，你就不会患得患失，随着世间纷扰起舞。

第二，对他人不妒人有

佛陀曾开示："不嫉妒他人，即能拥有大威德。"对于他人获益，存着"不妒人有"的心，为他祝福、为他欢喜，甚至为他助成，自然会增长福德因缘。反之，凡事只会比较、计较、嫉妒，身心不但备受煎熬，也容易引起人事的不和。因此，懂得随喜功德，以欣赏、赞叹的角度，看待他人的荣耀与成就，必能从中扩大自己的涵养与气度。

第三，对事业不怕艰苦

想成功立业、出人头地，就要不怕艰难困苦。古人成就功名，没有不经过一番寒窗苦读；要一技在身，也需要多年拜师学艺、苦练功夫。反观今日，许多人经不起一点挫折、打骂、批评，只会一事无成。要想成就大事，就要有"佛道无上誓愿成""众生度尽，方证菩提"的大勇气与大愿力，对学业、事业，不畏艰苦、不求速成，不把难字挂嘴边，那么，再艰难困苦的事也能成功。

第四，对办事不诿过失

无论我们智慧多高、能力多强，做事总免不了有过失的时候，如何能"不诿过失"呢？子贡以为："君子之过也，如日月之蚀焉。过也，人皆见之，更也，人皆仰之。"一旦有了错误，要能自我承担，懂得改进，切勿推脱、讲理，如此不但为人诟病，自己更无法进步。所谓"静坐常思己过"，日常生活、做事，时时刻刻反省、忏悔，才能显现无遗，为人敬佩。

行走世间，不论对人、对事，能不望益我、不妒人有、不怕艰苦、不诿过失，还怕不能成就完美的人生吗？

经验

一个人在世间慢慢成长，经验会带给我们智慧，经验会带给我们成功。而"经验"的积累，无不是所谓"上一次当，学一次乖"，不知吃了多少亏、受了多少苦，才能学到，所以人生历练上，最可贵的是经验。有了经验，不但学术、知识、技术丰富了，做起事来，也会老成持重，避免走许多冤枉路，这些都是很宝贵的。提供以下四点参考：

第一，不经一事，不增一智

所谓"事非经过不知难"，一个人没有经过事情的磨炼，就不知道事情的经过、因缘、是非、好坏，不知一件事情的成就，是必须遇到多少的艰难、困顿。不经过一件事情，就不会增长智慧，对人、对事的认识也会不够。因此，年轻人凡事应该多参与、多学习、多体验，不怕失败，不怕重来，慢慢地会带来自己的成功。

第二，不习一艺，不长一技

常言道："万贯家财，不及一技随身。"一个人要想成功立业，一定要学习多种技艺。像现代人具备驾驶、打字、计算机等能力，都还只算是基本的技能。除此，你要学有专长，好比护理、医疗、会计、烹饪、行政、教师……习得一艺，就能长于一技。在一技上专精了、经验多了，还怕在世间没有人用你吗？

第三，不花一钱，不知难易

一个人的成长过程，可以说都是用金钱堆叠起来的。你看，从小上学、补习、生活零用，长大后买车、买房子……乃至生活中所谓的"开门七件事"，哪一样不用花钱？大部分的人都知道赚钱不容易，但假如你不懂得金钱的规划、用度，是不会知道金钱来路的困难。你随便花钱，"有"的时候感到不为难，等到"无"的时候就很辛苦了。乃至有时候，还得要花钱才能买到经验，获得聪明，你才会知道，金钱的来源实在大不易。

第四，不多一岁，不知世事

一个人对世间的事物，都是随着年岁的增长，慢慢才有了体验、有了了解。你不增加一岁，对世间的事情、人心的曲折、人情的冷暖，就不会知道得那么多，也不会有深刻的体会。年岁增长了，见闻阅历多了，智慧也随之增长，人生会丰富，视野会开阔。

人生要成长，需要不断尝试，多做、多说、多看、多用心想，这就是经验的积累。平常多经一些事情，多学一些技艺，甚至从花钱里获得经验，在年岁的增长里学习世事，以上这四点，是增长经验的好方法。

小事勿轻

有的人认为说错一句话、做错一点事，没什么大不了，其实，"小"不可轻视，千里道路要靠小石铺成；万仞山峰要从小路攀登；美丽织锦要用小针绣出；幸福人生也要小心走过。因此，"小事勿轻"有四点说明：

第一，小小金刚坏须弥

《佛所行赞》曰："金刚利智慧，坏烦恼苦山，众苦集其身，金刚志能安。"金刚虽小，但是质地坚硬锋利，能摧毁一切物。因此，佛教里有一部《金刚经》，即是以"金刚"比喻佛法的尊贵、智慧的崇高，能降伏诸大烦恼，破除一切邪说。

第二，小小星火能燎原

《汉书》说："�火虽微，卒能燎原。"哪怕是一点点的星火，都要谨慎小心；不将它熄灭，遇缘成了大火，将会祸害无穷。像大陆有名的黄山，曾经二度因为游客的乱丢烟蒂，引发森林大火；而社会上许多大火的起因，也是由于星星小火的处理不当所造成。因此，火苗虽小，不能不注意。

第三，小小细菌会伤身

《毗尼日用》曰："佛观一钵水，八万四千虫。"细菌虽小，肉眼无法看得见，但是不良的细菌若在身体里不断滋生，却会造成人体百病丛生。好比小小的感冒，可能导致肺炎；小小的伤口，可能让人丧命。甚至小小的细菌，可能酿成瘟疫，造成无数人的伤亡，引起社会的恐慌。所以，细菌虽小，但是会伤身害命，不能小看。

第四，小小忏悔破大恶

贪嗔愚痴、邪见我慢，虽起于小小的一念，却足以毒害心灵。别小看在佛菩萨前的一合掌、一问讯，这一念的清净心能灭除无明罪业。忏悔不只是身体的礼拜，而是内心的自省；忏悔不只是一时的告白，而是一生的除垢。忏悔就像清水一样，可以洗净我们的三业罪障；忏悔就像衣服一样，可以庄严我们的身心功德。因此，一念忏悔，能使我们热恼的心安定清凉。

一般人认为"大"是"力"的象征，而"小"是"弱"的代表。其实小也有小的力量。《法句经》曰："水滴虽微，渐盈大器，凡罪充满，从小积成。"

刚柔进退

中国有许多很好的处世格言，如"处难处之事愈宜宽，处难处之人愈宜厚，处至急之事愈宜缓"。为人处世，在急处知缓，窄处知宽，颠处须平，平处宜和，就是涵养。能进则进，能退则退，进退一如；能刚则刚，能柔则柔，刚柔并济，就是智慧。在此提出四点"刚柔进退"的处世智慧：

第一，能刚能柔，可以忍辱负重

金刚钻是硬度最高、对光线的折射率最好的钻石。我们常诵持的《金刚经》，就是以金刚钻的无坚不摧，来比喻此经无邪不破。由石墨做成的铅笔芯虽又细又脆，稍微用力就断，但是它的色泽，却是用任何化学方法也无法漂白的。神奇的是，金刚钻和石墨同样是由化学元素"碳"所组合的。人也应该如此，要有刚强如钻石的禀性，能承担艰巨的任务；有柔软如石墨的心地，来忍辱负重。最重要的是具备刚中有柔、柔中有刚、刚柔并济的智慧。

第二，能信能顺，可以履险如夷

相传周文王被囚在羑里时，其子前来搭救，反被殷纣王所杀，煮成肉羹，送给文王吃。文王心中清楚，但仍忍泪食肉，以避杀身之祸。当我们处在恶劣、险酷的环境时，不要坚持己见，硬是不低头，否则，恐怕不仅无法成事，还会白白牺牲。明智的做法是，内心保持高度的警觉，外表则恭敬柔顺；如此，以智慧解决问题，才能履险如夷，渡过难关。

第三，能智能愚，可以进退自如

大部分的事情，可以用智慧解决，但有时候则要装疯卖傻才能成事。郑板桥说"难得糊涂"，人要聪明过人并不易，要聪明人装糊涂就更难。若愚才是大智，如果只是精明能干，半点也不肯吃亏，无形中可能会吃更大的亏。俗说"水至清则无鱼"，溪流虽清，也要容纳一些浮游生物、长养一些水生植物，提供鱼虾生长的环境，才能吸引鱼虾生活其中。不仗恃聪明，就有进退自如的气度。

第四，能大能小，可以随遇而安

一个人只知处高位，争大权，享尽好处，别人也会不服气。若一个人太过谦卑，一味退让，妄自菲薄，或者自暴自弃，把自己看得太渺小，别人也不会重视你。太过自尊与自谦都不好，中庸之道是能大的时候就大，该小的时候就小。自尊自重之时，要记得谦卑；在谦卑忍让之余，更不失庄重。

待人处世，要懂得应用刚柔并济的学问。处顺境时，可以作风明快，但态度要平易谦冲，留人转圜余地；处逆境时，宜低调行事，谨慎恭让，留自己退步空间。

若能明了刚柔进退的道理，可以说已掌握成功的诀窍了。

斗智不斗气

人有一个潜存的劣根性——好斗，所以有国家与国家之间的战争，民族与民族之间的战争，甚至团体与团体、家庭与家庭、个人与个人之间，也充斥着明争暗斗。相斗不免耗去许多精神、元气，纵使不至于两败俱伤，也妨碍个人的成就与社会的进步。其实"斗"也不见得都不好，但要效法慧者的斗智与贤者的斗志，而不能粗鄙愚昧地斗力与斗气：

第一，粗人与人斗力

粗人迷信以拳头定输赢，动不动就跟人家比力气，打架滋事，打得头破血流，却也未能解决问题。

粗暴者不限于市井小民，有时看到某些地方政界的衮衮诸公，竟也以拳头议事，失于风度，成为粗人，不免贻笑大方。

第二，愚人与人斗气

在佛法里面讲依法不依人，事归事人归人，不能因一时的意气，妨碍了做事。但是，愚痴的人却常因小愤而与人赌气，采取不理人、不合作、不跟人共事的方式，往往因此延误公事，得不偿失，实在愚不可及。

第三，慧者与人斗智

有智慧的人斗智慧，斗谋略。如诸葛孔明的"草船借箭""空城计"等，在凶险万分的情况下，唯有靠智慧才有胜算。在求新求变的现代社会，更随时需要斗智，不仅是科技产品求日新月异，就是路边小吃，想要招揽生意，也要研发新的产品，才能吸引顾客。作家也要有新的见解，才能吸引读者。设计人员也要有新的策略，才能赢得企划案。这些都是斗智取胜，如果只靠力气和怒气，只会陷自己于劣势。

第四，贤者与人斗志

圣贤之人不斗力、不斗气亦不斗智，他们所追求的是志气。不管是《孟子·滕文公》说的"舜何人也？禹何人也？有为者亦若是"的志气，还是省庵大师说的"现前一心与释迦如来无二无别"的省思，都是斗志。不争一时，争千秋万世，将自己的心志提高到与贤圣齐，以贤圣做榜样，期许自己的道德修养亦达到最高的境界。

如果真的要"斗"，不要跟别人斗，最好是与自己的劣根性斗，能赢过自己的懈怠、懒惰、贪、嗔、痴、妄等坏习性，才是真正会"斗"之人。

服从 （一）

服从是很重要却渐渐被人遗忘的美德。"服从"是秩序、是伦理。在军中，部下要服从长官，才有秩序可言；在职场，下属要服从上司，才合乎职业伦理；在家庭，儿女要服从父母，弟妹要服从兄长，才能拥有父慈子孝、兄友弟恭的和乐家庭。现代人不讲服从，常常犯上，令人遗憾。其实，不是职小位卑的人才讲"服从"，服从的层次各有不同，略说四点如下：

第一，小人因畏惧而服从

心术不正的小人，他服从别人，有时候不是心悦诚服，而是由于畏惧而服从。畏惧什么？有时是求名位未得之际，因为畏惧不能得到名位；有时是已得利益之际，畏惧丧失既得利益，而不得不服从。他的考虑点放在现实利益上，而不在真理。因此，他表面服从，心里却另有打算。

第二，好人因爱护而服从

一个讲究感恩、讲究道德的人，他有时会出于感恩的心，真心诚意地服从所属的团体或爱护他的人，无条件奉献自己的忠诚、智慧与能力。这样的人，你越爱护他，他就越服从你、尊重你。

第三，圣人因慈悲而服从

何以说圣贤者服从慈悲？《杂譬喻经》里说："积大誓愿，慈悲众生，求头与头，求眼与眼，一切所求尽能周给。"许多菩萨为了圆成佛道，不惜身命，度生救生，就是服从于慈悲。在慈悲心的驱使下，圣贤会从善如流，愿意乐助，愿意共享，因此说圣人服从于慈悲。

第四，智人因真理而服从

一个人如果说他"天不怕，地不怕，什么都不怕"，那是很可怕的，因为在他心里，没有约束的力量，没有真理可言，可以为所欲为，这样的人太可怕了。其实，有智慧的人，他可以不服从金钱、爱情、力量，但一定会服从真理。一个人能服从真理，心中自有准则，行事必有规范，他必有可为，必有成就。

最好的服从是服从真理、服从慈悲；若是出于感恩心而服从，这也还不错。如果因为畏惧而服从，最好是畏惧因果，而不是畏惧名利。但是千万不要"我只服自己，其他都不服"，就那太危险了。

服从（二）

　　"服从"是军人的天职，所谓"有理是训练，无理是磨炼"，无理之前都能接受，有理之前怎么会不服从呢？其实"服从"是一种社会秩序的建立，是一种伦理道德的展现，现在的人不讲究服从，经常悖逆犯上，犯上就失去了伦理，就没有道德。所以，要建构一个有伦理、有秩序的社会，人人都应该养成服从的性格。服从依对象不同，约可分为四种层次：

第一，小人因畏惧而服从

　　部下要服从长官，儿女要服从父母，这是一般人的认知。但是如果对一个自我意识高涨的人，凡事有他自己的主见，有他自己的看法，长官即使以道理、以职权都不能令他心悦诚服，甚至表面上唯唯诺诺，背地里阳奉阴违，扯人后腿，这时候只好针对他个人的权益，让他在利害得失之前知所畏惧。这种内心不服气，因畏惧而勉强服从的人，只能归类为小人之流。

第二，好人因爱护而服从

　　人与人之间，所谓"见面三分情"，有的人只要你对他好，平时爱护他、提拔他，他就会因为感谢你的知遇之恩而服从你、尊重你，甚至为你卖命。这种懂得感恩、讲究道德的人，不失为好人一个。

第三，圣人因慈悲而服从

有的人做人正直，不慕荣利，甘于淡泊，平时并无所求，但他喜欢公益，乐善好施，举凡慈悲之行，他都随喜功德，愿意乐助，与人共享所成。这种因慈悲而服从的人，可谓已达圣人之境，因为圣人对于慈悲，必然从善如流，必定服从到底。

第四，智人因真理而服从

有一种人，他不一定在金钱、爱情、权力之前低头，但是在真理的前面，他是绝对的服膺。所谓"惧法朝朝乐，欺公日日忧"，一个人如果懂得服从真理，信仰真理，这个人必定心胸坦荡，必然大有可为，这就是有智慧的人。

服从虽有各种层次的不同，但一个人如果因畏惧心而服从，还是可以救药；如果因受人爱护，为了感恩而服从，这个也堪造就；如果因为社会的慈善、慈悲而服从，程度更高。最重要的，人要懂得服膺真理，在真理之前懂得低头的人，必是智者。

忙的妙用

忙，是现代人的生活写照。忙着上班工作，忙着持家理财，忙着读书考试，忙着约会应酬，忙着上网聊天，忙着赶时间，忙着看股市，忙着买彩票，甚至有人忙着逛街，忙着串门子……不管忙什么，只要忙得有乐趣，忙得有意义，忙得有价值，忙中自有无限的妙用。

忙有什么妙用呢？有四点意见：

第一，忙要忙得有法喜

生活中，不是忙就是闲，有的人以忙为乐，因为从忙碌工作中可以获得学习、成长的机会。忙，可以充实生活，可以让身心有所寄托，而且从工作中可以获得成就感，可以自我肯定，可以培养信心。更重要的是"忙人无妄想"；没有妄想，自然身心清安，自然感觉快乐无比。所以，以忙为乐，则不苦；以忙为乐，则不懒散；以忙为乐，自然忙得心甘情愿。

第二，忙要忙得有意义

忙就是营养。忙，才能促进心灵的健康；忙，才能培养自己的因缘；忙，才能发挥生命的力量；忙，才能提升人生的价值。但是有的人忙于吃喝玩乐，忙着花天酒地，这样的忙不但破财而且伤害身体，这样的忙没有意义、没有价值。忙，要有益于身体健康；忙，要有益于增品进德；忙，要有益于开发智慧；忙，要有益于培养人缘。这样的忙才有意义。

第三，忙要忙得有效率

"有分工，则不忙；有计划，则不乱"。做事最怕的是一把抓，不懂分工，自然无法合作，工作效率自然低落。也有的人做事没条理，不懂得计划，整天像无头苍蝇一样，盲目地乱忙一通。其实，做事要讲究效率，除了分工、计划以外，更要懂得化繁就简，还要会"以设备代替人力"。更重要的是，要追踪成效，一个小时要有一个小时的成果，一天要有一天的成绩，一周、一个月都要有一周、一个月的成效。能够事前安排计划，事后追踪成果，自然能提高工作效率，自然忙得有效率。

第四，忙要忙得有价值

忙，是接近价值的要途。但是有的人每天忙忙碌碌，只为了钻营一己的功名富贵，有的人则是为了一家三餐温饱而忙，也有人为了社会的富乐而奔走，更有人为了促进世界的和平而周旋。忙，不但要对自己、对家庭有助益，更要对国家、社会，尤其能对举世人类有贡献，这样的忙碌价值更大。所以做人要为自己忙，为家庭忙，为国家社会忙，更要为普世大众而忙。

人，越多做，越能做；越会忙，越能忙。忙，像一把锋利的慧剑，能断妄想的葛藤；忙，是点石成金的手指，能化腐朽为神奇；忙，是营养调身的补品。

如何拣择

俗话说:"良禽择木而栖,忠臣择主而事",选择就是分别。虽然佛教提倡无分别、无分别智,但是我们学道的人,在智慧尚未显发、真理尚未体悟时,仍应学习从分别处选择真的、善的、美的,然后才慢慢做到不选择、不分别。我们要学习选择四点:

第一,书必拣择而读,则开卷有益

虽然古人说"开卷有益",但是读书仍要有所选择,有益的书才读,无益的书读了没有意义,也得不到知识与启发。现在这个社会有很多不好的书,让人开卷不但无益,而且有害。像前阵子一本《完全自杀手册》,带起了自杀风潮,使得很多家庭破散,社会也为此付出极大代价,所以书必须拣择而读,才能开卷有益。

第二,人必拣择而交,则近贤希圣

每一个人都需要朋友,但是我们交朋友也须经过选择。古人说:"友为五伦之一,慎于择友,惧其损也",好的朋友可以患难同当,不时给我们忠言,不当的朋友是酒肉朋友,只想利用我们,甚至出卖、背叛我们。孔子说:"益者三友,友直、友谅、友多闻。"我们所交的朋友,应该是有知识、有道德、有人格、有慈悲心;选择这样的朋友，才能不受伤害且"近芝兰，则气味日馨"呢。

第三，言必拣择而听，则是非明白

所谓"尽信书不如无书"，听话也是如此，对于别人说的话，不能每一句都当真的，必须有所拣择、能分别判断，对人生大众有用的，对国家、民族、社会关怀的、正确的，我们才听。不当听者不听、中伤毁谤者不听、是非烦恼不听、色情八卦不听、谗言谄媚不听。总之，需分辨是非，才能明白说者的居心用意。

第四，地必拣择而到，则行无危险

虽然大丈夫志在四方，但是不论想到什么地方去，还是必须先选择。危险暴乱的地方不能去，声色场所不要去，有些借宗教之名而行邪道、魔道之处，更不能去，因为去了不但种下邪知邪见的种子，还会破财失身，毁了一生。

佛教修行次第"七觉支"当中的"择法觉支"，即是告诉我们用智慧观察诸法，才能善别真伪，而不取虚伪之法。所以一个人，无论读书、交朋友、说话、到什么地方去，都必须审慎拣择，都要清明分别，才不会在游移漂流的生命长河中，空费草鞋钱。

取与舍

孔子说："君子有三戒：少之时，血气未定，戒之在色；及之壮也，血气方刚，戒之在斗；及之老也，血气既衰，戒之在得。"这是孔子对不同年龄层的人所提出的养生规劝。人生各阶段，在养生上有不同的标准，在进德修业上，也应有不同的取舍标准。在此提出人生四个层次的取舍：

第一，少年时取其学，舍其不当有

少年的心智，就像白纸、像干净的海绵，沾染上什么颜色，就是什么颜色；接触到什么养分，就吸收什么养分，是一生当中最好的学习阶段。所以要好好地用心读书，不要刻意想拥有其他东西。只要在少年时期，好好将学问的根基扎稳，不怕将来没有成就。

第二，青年时取其志，舍其不当事

青年时期，心志已渐成熟，体力、能力也日渐充盈，此时最重要的是"志气"。如果一个青年，没有志气，充沛的体力和渐增的能力，只是消耗在吃喝玩乐上，那就太可惜了。因此，青年人立志很重要，能胸怀大志，按部就班，向目标奋发前进，必定会有非凡的成就。

第三，壮年时取其行，舍其不当乐

人到壮年，一般说来，都已有自己的事业或稳定的职业，也有一些积蓄，儿女已成人，养儿育女的责任渐渐告一段落。在有钱、有地位时，较容易为了满足感官享受而纵情玩乐，甚至因为流连忘返而松懈对事业的冲刺、对家庭的照顾。因此，壮年之期，要取其行，舍其不当之乐。

第四，老年时取其实，舍其不当执

农耕有"春耕夏耘、秋收冬藏"的秩序，人的一生也是如此，老年人应是"藏"的阶段，这藏，不是藏积蓄、藏物质，而是要如佛教说的"龟藏六"，藏起眼耳鼻舌身意等六根，舍掉对外境的追逐与攀缘，好好把握智慧、心智最成熟的时期，努力提升自己的心灵境界。

在人生的每个阶段，都应有自己的取舍标准，《大乘本生心地观经》云："智力能分黑白法，随应取舍各了知。"希望大家都能有"取其所当取，舍其所当舍"的智慧。

为所当为

我们在世界上为人处世，有时候应该有所作为，有时候则"不应"有所作为。什么时候当为？什么时候不当为？有时要衡量时节因缘，有时则要坚守自己的原则与立场。什么是为所当为？有四点意见如下：

第一，知足常乐，不慕荣利

明朝憨山大师，24 岁开始参学四方，随身仅有一个瓦钵，他前往风雪寒冻的北方，借以磨炼身心意志。他说："只此一钵，可抵万钟厚禄矣！"他把当朝皇太后恩赐的财物，用来施贫赈灾，一生颠沛流离，却一本淡泊守道的精神。知足常乐的生活，不慕荣利的高尚情操，使他成为明朝四大高僧。

第二，包容忍耐，不逞意气

做人，若是为了一句话就跟人吵架，为了一点小事就跟人计较，实在划不来。

《菜根谭》云："觉人之诈，不形于言；受人之侮，不动于色，此中有无穷意味，亦有无穷受用。"因为唯有包容忍耐，不逞一时之意气，才能避免不必要的灾祸，同时借此修心养性。

第三，乐观其成，不扯后腿

有些人像公鸡性格，凡事喜欢跟人斗，尤其看到别人有好处了，见到他人成功立业，高高在上了，就产生嫉妒的心理。甚至不耐他荣，见不得别人好，扯人家的后腿，拆人家的台柱。

其实，何必如此？把心量扩大一点，换个角度来想，别人的成功，不也可以让我沾光吗？再说，别人在成功的过程中，我未能及时帮助就已经感到抱憾了，怎可再来扯后腿，破坏好事呢？因此万万不可做这种蠢事。

第四，见义勇为，不屈恶势

常有人感叹世风日下，人心不古。势利当前，锦上添花者有之，雪中送炭者几人？但是，综观历史，还是有许多见义勇为之士。例如唐朝安禄山叛变，情势危急，荆州开元寺神会和尚，号召佛教界以发度牒筹募军饷，解决朝廷国事问题；抗日战争时期，国民政府西迁，栖霞山寂然和尚，成立难民收容所，掩护我军将领。这都是见义勇为、不屈恶势的大勇猛之人。

在现实势利的社会，不可以跟恶势力同流合污。人生有所为，有所不为。

适可而止

佛教讲"法不孤起，仗境方生"。因为"缘起"，因此人生有无限的机会、无限的力量、无限的潜能、无限的意义。可以说，人生就是一个"无限"。但是，我们也不能因为无限，就毫无顾忌、肆意妄为。有的时候，更应该有个"适可而止"的人生。什么叫做"适可而止"？

第一，势力不可以使尽

比方我们的拳头，拳头打出去，就没有力量了；眼泪流出来，势力就使尽了。眼泪轻易洒落，拳头随意挥出，固然有个发泄的出口，一旦内心激励的力量减除了，就不容易积蓄能量。因此，储存的拳头，才有劲头；衔泪的忍耐，才会奋起。

第二，福德不可以享尽

我们在这个世间上，所谓荣华富贵、祸福穷通，都有一定的福德因缘。顺利如意，必定是得自过去的好因好缘，要延续好因好果，福德因缘就不可以享尽。有云："福德享尽，则缘必孤。"等于银行的存款，统统提出来，就没有了；也等于行路的粮草，全部吃完了，如何远征呢？

第三，规矩不可以行尽

有规矩，制度方行；有规矩，典范才立；但也不能天天讲规矩、呼口号。所谓"规矩行尽，礼貌必衰"。强行规矩，反而失去人性里自动自发、自律自觉的可贵精神。"规矩"是为了防犯不法而设，在有规矩的人前面，根本就没有规矩；在守法的人前面，法律也不一定派上用场；因此，在团体里，应以"立法要严，执法要宽"作为行事的准则。

第四，好话不可以说尽

好话给人鼓励，爱语给人信心。所谓"过头的饭可以吃，过头的话不能说"。你天天说好话、日日讲爱语，好话就不再是真话，爱语就不再是真语；你都没有好话了、都说完了，那么，"好话说尽，则人必弃"。所以，好话也留一点，不要把它说尽。

强开的花逆美，早熟的果难甜，天地的节气岁令，总有个时序轮换。悬崖要勒马，尸祝不代庖，举凡我们的行事，也要有个分寸拿捏。《宝王三昧论》也说："于人不求顺适，人顺适则心必自矜。见利不求沾分，利沾分则痴心亦动。""适可而止"的人生，实在可以作为座右铭。

防患的重要

古谚说"未雨绸缪"，俗谚说"晴天要积雨来粮"，都是劝人要有忧患意识。孟子说："生于忧患而死于安乐。"太过安逸，沉湎安乐，只会招致灭亡。现实生活要有忧患意识，心理建设更应防患于未然。提供四点意见：

第一，防恶心于未萌

每个人的心都本具善法和恶法，因此，天堂、地狱不在别处，就在自己的心里，随着善恶心念，流转于天堂与地狱间。凡人都误以小善为无益而不为，以小恶为无损而不改。其实，我们对于善念、恶念，应该抱持"已生善，令增长；未生善，令生起。已生恶，令永断；未生恶，令不生"的谨慎，才能使善心不断增长，使人格臻至完善。

第二，防法度于未乱

国有国法，家有家规，法律、家规是维持社会与家庭秩序的准则。自我也应有自我的尺度，行事才有规则，脚步才不会混乱。如果人人都能遵守法度，就不须有"严刑峻法"的主张。毕竟，待世乱才用重典，国家社会已付出许多的成本代价，人民也多受痛苦了。

因此，最好的法律，还是防于未乱。

第三，防灾祸于未来

如是因，如是果，种下苹果的种子，绝不会长出柑橘。因此佛经说："菩萨畏因，众生畏果。"菩萨深谋远虑，凡事防患于未然，必在因地小心谨慎；凡夫见浅识短，因此每在果报临头，懊悔莫及。因地里，不在杀盗淫妄、贪嗔愚痴中打转，就不会有短命丑陋、贫贱愚痴的果报。

第四，防小人于未彰

凡人的品性良莠不齐，我们的周围有君子，也不免掺杂一些小人。不管是君子还是小人，都不会在脸上写明，因此，对别人推心置腹之前，最好仔细观察。

其实，所谓"害人之心不可有，防人之心不可无"，也不是叫我们对别人都存戒心，只是，如果我们警觉性高，自然就不易受骗。

《佛说字经抄》说有八快乐的事，"忿能自禁、虑能防患、道法相亲、友不相欺"，即是其中之四。愿大家都能在祸患未发生前，就加以防备，如此，就能得到其他四项快乐："与贤从事、得谙圣人、性体仁和、事业日新。"

所为皆可

孔子将"非礼勿视,非礼勿听,非礼勿言,非礼勿动"作为实践"仁"的要目。日常生活中的视、听、言、动,就是修心养性的用功处,该为不该为、应听不应听、应说不应说,甚至对于"拥有"的取舍,都应有所考虑。在此提供四项准则:

第一,所为者,皆为可能者

正当的,对别人有利益的,可以皆大欢喜的,或对人无害的事情,才可以做。《十善业道经》说:"深信因果,宁殒身命,终不作恶。"孔子也说:"不义而富且贵,于我如浮云。"如果你将做的,虽然可以带来可观的财富,得到高官厚禄,却是不义之事,还是不可以做。莫为了眼前的利益,换来一辈子的不安。

第二,所欲者,皆为可善者

凡是人,都会有欲望。希望自己能够有社会地位,能够事业成就,能够学问渊博,就会督促自己努力,以达到世间的成就。希圣希贤,希望成佛,就会精进修行,而成就出世间功德。佛陀也"不舍诸善法欲",而于"善法中发勤精进,营助修习"。因此,可以有欲望,但必须是善法欲。

第三，所听者，皆为可闻者

有个哲人向传消息的人说："你要告诉我的话，要用'真实''善意'和'重要'这三个筛子先筛过。如果你要告诉我的事，既不真实也非善意，更不是重要的，就别说了吧！"我们也要有哲人的智慧，选择真实的、善意的及重要的话来听，选择可以增进智慧、经验、哲思的话来听，要拒绝邪说及没有建设性的是非、谣言。

第四，所见者，皆为可观者

有些人居心不良，利用精密的摄影仪器，偷窥、拍照，侵犯他人的隐私；有些人爱看不正当的书报、杂志，流连不正当的声色场所，都是既浪费时间又污染心灵的。要谨记"非礼勿视"的教诫，不要让好奇心强过理智，否则，不仅有损道德，也会误蹈法网。

所谓"君子坦荡荡，小人长戚戚"。如果思想行为，能如朗月入怀，光明澈见；视、听、言、动皆能戒惧谨慎，所为、所欲、所听、所见者，皆无不可告人之处，就可以入君子之列了。

"小"不可轻

在《阿含经》里，佛陀告诉波斯匿王："小不可轻"，因为小王子长大，可以做国王统领国家；小沙弥长大，可以做法王；小龙长大，会兴云致雨；小小的星星之火，可以燎原成灾。还有，小小的种子埋在土里，也会长成大树开花结果；现在的孩童，将来可以做国家的栋梁等等。除此，更有四"小"不可轻：

第一，不弃小善

古人说："勿以善小而不为，勿以恶小而为之。"我们不要因小善而不为，要知道滴水可以穿石，集合很多的小善，就可以广结善缘；小觉小悟，久而久之，自能大彻大悟。社会上很多的慈善救济、文化教育，就是靠这些小小善款的点滴聚集而成，造福了很多需要的人，也使历史纲常得以传承延续。

第二，不造小恶

《地藏经》云："莫轻小恶，以为无罪，死后有报，纤毫受之。"我们常常以为随便骂人一句话，或做一些对不起人的小事，只是小小的恶作剧，无伤大雅。但是一粒种子种下去，它不断繁殖，就会有无限的果实。《法句经》说："水滴虽微，渐盈大器，凡罪充满，从小积成。"小小的细胞病变，都会造成生命损失，因此勿以个人的小恶，造成自己、社会国家，乃至全世界的损失与遗憾。

第三，不怀小怨

有些人因为心里小小的欲望希求不能满足，就产生怨恨。这种小小的怨恨积累愈大，时间久了，慢慢会引发出行为，而做出种种伤害他人的事，最后不可收拾。如《佛光菜根谭》说："兄弟互相怨恨，受害的是父母；夫妻相互怨恨，受害的是家庭；人人互相怨恨，受害的是自己。"只有心怀慈悲忍耐、感恩回馈，才能熄灭怨恨所带来的痛苦。

第四，不计小我

人世间之所以有这许多爱恨情仇，都是缘自对"我"的爱染。全人类是一个大我，国家、社会是一个大我，如果我们只顾自己的小我，罔顾人类、国家、社会的大我，往往得不到真正的利益，因为大我不健全，小我也无法苟安。因此，我们不能只为自己而活，不要处处只为自己着想，要常常想到别人、大众，把小我扩大跟大我结合在一起，这个"小"就更大、更宽广了。

《韩非子》云："千丈之堤，以蝼蚁之穴溃。"古德亦云："微者巨之端，大因小而生，巨由微而成。"这些都是告诉我们，应当谨小慎微。

回馈

得到人家的好处、利益，一定要有所回馈。战国时代，诸侯食客三千，有能力者，为主人策划计谋，再不济者，也知为主人奔走效力。中国人常说："滴水之恩，当涌泉相报。"俗谚也说："吃人半斤，还人八两。"收到别人的好处，怎可以不知感谢、不知报答？那么，要如何回馈他人：

第一，乘人车者载人所需

一般人拥有车子，都是着眼于方便，方便上下班、洽谈公务、办事载运。人家将车子给我坐，给我方便，我就应该帮助他完成他所需，例如途中下车帮他缴个费用，帮他买个东西，帮他接送小孩等等，以资回馈。就是乘坐公共汽车，也需买票，乘人的车子，怎能不思有所回馈？

第二，穿人衣者怀人忧虑

衣服是用来保护、保暖的，人家送给我们衣服，让我无寒冻之虞，让我无衣不蔽体之虑，这衣服一穿上，就怀带了对方的善意、对方的心意。因此，如果可能，要分担他的忧虑、他的挂念，他若遇到难题，也要设法帮他解决。

第三，吃人食者助人成事

俗语说："天下没有白吃的午餐"，别人辛苦赚钱，我凭什么白吃别人的饭食？既然吃了别人的饭，就应助其成事。冯谖到孟尝君处当食客，抱怨食无鱼、居无车、无以为家，孟尝君一一满足他的需求。最后，冯谖为孟尝君营造可以高枕无忧的"三窟"，让孟尝君"为相数十年，无纤介之祸"，这就是最大的报答。

第四，得人财者与人消灾

一钱来处不易，别人基于同情、道义，以钱财帮助我们，我们不能船过水无痕，这些恩德，要谨记在心，在能力许可时，也要以钱财助人，让曾经帮助过我们的人，能得到这些布施的功德。

"知恩图报"虽然是做人的基本道理，不过，佛陀在两千多年前就观察到能够"知恩图报"的人，实在稀有难得，在《长阿含经》里提到：世间有五种甚为难得的宝：一，如来至真出现于世；二，能演说如来正法者；三，能信解佛法者；四，如来演法能成就者；五，危险救厄知反复者。"懂得回馈"与"如来出世"同样难得，但愿大家都能做个"难得之宝"。

矜持的利弊

矜持，是一种美德，有时代表一种庄重、一种威仪。尤其东方人的性格，无论在行为举止，或言语思想上，都不愿表现得太过嚣张跋扈，那就是一种"矜持"。但矜持也有它的内容，表现得当与否？会不会引起误会？关系着个人的修为与人际往来的维持。以下四点可以作为参考：

第一，目空的矜持是傲慢

适当的矜持，是一种风度、是一种礼貌、是一种高贵。但是有的时候矜持不当，变成自以为是、目空一切，乃至不自然、不得体，就会成为一种傲慢。你因矜持而看不起人，别人必定也不愿理睬你，看不在眼里，成为人与人之间的障碍，这种矜持就要去除。

第二，尊贵的矜持是恃才

有的人荣耀富有，不高兴与贫穷卑下的人讲话，这是他的矜持；有的人有地位尊贵，不欢喜与没有地位的人往来，这是他的矜持；更有人知识丰富，而不愿和平庸者交流交际，这也是他的矜持。这样的矜持，尊贵得让人不好受，变成恃才傲物，冷若冰霜。这种矜持的性格，无法平易亲切，人际关系必定有所疏失。

第三，怯弱的矜持是拘谨

有时候，一些女性怕羞怯弱，一再退让，性格就会变得闭塞不前，患得患失；甚至有一些男士，不敢承担，不果敢接受，太过怯弱、太过矜持，结果变成拘谨，甚至是一种束缚。这种缺失，阻碍了精进向前、努力向上的力量，是非常可惜的。因此，放下怯弱的矜持，开阔心胸，自然大方，人生才能奋起飞扬。

第四，谦虚的矜持是含蓄

无论哪位女士或先生，从内心流露出的风度翩翩、谦虚礼让、温柔稳重、举止有致，这种含蓄的矜持，像春风一样和煦，让人感到舒服自然，让人感受他的内涵、他的风仪。这样的人，肯定会受到别人的尊重。

所以，过与不及，都不如佛法所说的"中道"好。在进退之间，知道什么时候应该矜持庄重，什么时候该把矜持化为一种自然、大方，这就是最好的表现了。以上这四点利弊，可以让我们反思一下。

生气的艺术

人生在世,"生气"是难免的事,只是生气要懂得自我排解。所谓"一念嗔心起,百万障门开",生气常让人失去理智,导致后果不堪收拾。西谚云:"生气是拿别人的错惩罚自己";《黄帝内经》亦明诚:"怒伤肝";美国生理学家爱尔马也分析:生气时,体内会分泌毒素物质。因此,提供以下减少生气的方法参考:

第一,呼吸调慢几拍

生气时,就会气急口快,所谓"怒则气逆,喜则气缓",发现自己要生气时,赶快提醒自己放慢呼吸,让自己在一呼一吸中,把气息稳定下来,就像冷气有温度调节器,对于身体的气,我们也要懂得透过呼吸,去调整身心,缓和加温的情绪,这个气就不容易生了。

第二,自我暂且放下

人为什么会生气?无非是自我的表达没有受到尊重,自我没有受到认同,自我没有得到称心,所以气就越生越大,其目的就是要让别人看到我的存在。如果这个时候,你能把自我暂且放下,退一步想,化私为公,化我为众,能从放下自己中,扩大含摄其他人的想法,就不会感到受气了。

第三，是非不必论断

《百丈禅师丛林要则》云："是非以不辩为解脱。"因为每个人立场不同，看法就会千差万别，若在人我上斤斤计较，则自他皆输。憨山大师也说："世事本来多缺陷，此身那得免无常。吃些亏处原无害，让他几分有何妨。"有志之人，不以争一时是非为快，要以争千秋万世为重，以此为勉，就不会有气了。

第四，念头细细观照

生气时，先静下来问自己"生气的原因是什么？""生气的目的是什么？""生气可以解决问题吗？"如果是可以解决的问题，为什么要生气？如果生气不能改变事实，那为什么要生气？反省自己是否有做错的地方？如果没有，学习原谅他人，这是给自己与别人机会，如此，就能以同理心减少生气了。

作战前要有战术谋略；人事管理也有领导管理的妙方；事不如己意，也要有生气的艺术，如此才能在应对进退中，不被心浮气躁的情绪左右；用智慧化解剑拔弩张的气氛，才是待人处事高明处。

远之用

人很奇怪，走路怕路远，做事怕事难，该读书，怕读书苦，等时间，怕时间长。难道怕远、怕难、怕苦、怕长就好吗？其实，越难做的事，能把它做成功了，更有成就感；越是时间长久的事情，越是去从事，更能见出真实的功夫。好比佛教说，成就菩萨道，修行要历经三大阿僧祇劫，这就是在训练我们的耐力，正因为佛道长远，才觉得目标神圣而可贵。所以，"远"之用，有四点：

第一，名利看得远，能够举止自在

乾隆皇帝下江南时，在运河边遇到一位法师。乾隆问法师："你在河边多年，可曾算过有多少艘船经过？"法师说："只有两艘，一艘叫名，一艘叫利。""名利"诱人可见。一般凡夫汲营追求，倒也无可厚非，只是名利也要用勤劳、能力、道德，慢慢积累而得。

所谓"实至名归"，才能真正安心，你不急于一时获名得利，自然举止泰然、潇洒自在，不会患得患失。否则如民国初期的袁世凯之辈，名利熏心，专制独裁，又行帝制复辟，落得称帝不久，立即遭到举国上下反对，惹得自己恶名昭彰，实在两者俱失。

第二，小人避得远，能够不困是非

宋人许斐说："与邪佞人交，如雪入墨池，虽融为雪，其色愈污。"《字经》亦载："不善友者，假求不副，巧言利辞，苟合无信。"与不善的小人来往，容易引生祸害。所以对那些言行不一、虚伪不实的恶人，不仅不可纳前，而且要远离，才不会为自己惹上麻烦以及是非。

第三，思想想得远，能够洞观本体

孔子云："人无远虑，必有近忧。"意思是说，一个人的思想不能局限于自我，应该扩及众生；也不只局限于一时一地，而是要扩大至无边的法界；将思想的领域扩大，不仅想到今生，还要反观过去，甚至思想到来世，那么对于事物本体的观察，就能更宽、更广、更大。

第四，心胸放得远，能够省去烦恼

人世间的许多忧愁烦恼，皆因心胸狭窄，计较、放不下。假如心胸能放得开、放得远，则对世界上的好好坏坏、是是非非、功名富贵，自然能包容放下且清心自在。

路远，知马之实力；行远，知人之毅力；菩萨发心，不畏成道路远；佛子立愿，不怕愿力不坚。

难与易

唐代的庞蕴居士一家都是禅者。有一天，庞居士在草庵中独坐，突然说道："难！难！十斛油麻树上摊。"庞婆听了，接口说："易！易！百草头上祖师意。"女儿灵照说："也不难也不易，饥来吃饭困来睡。"这则有趣的公案，说明庞家三人对禅的领悟。世间的事情，也是如此，有些容易做到，有些则是不容易做到。"难与易"的分别在哪里？有四点意见：

第一，独立为己易，包容化他难

一般人为追求成功，可以不畏艰难，屡仆屡起，屡败屡战，再大的困难，也甘之如饴，努力奋斗。因为自己心甘情愿吃苦，所以容易。但是，要做到包容他人，而且要能让对方感动，愿意接受你、听从你的化导，那就不容易了。

第二，聪明智巧易，敦厚含蓄难

社会上具备聪明才智，善用灵巧机智，做事创业、研究学问，得到种种成就者，时而见之。但同时要拥有这种特长和美德者，是不容易的。因此，一个人既聪明又敦厚，灵巧之余也懂得含蓄，那是相当难能可贵了。

第三，乐助亲人易，普爱世人难

一般人都会帮助自己的亲朋好友，要我们敦亲睦邻，这也还不太为难，甚至要向认识者伸出援手，也颇多见。但是，能对不认识的人施予慈悲、施予方便、施予恩惠，就不容易了。尤其要进一步做到佛教所讲的"无缘大慈，同体大悲"，将没有缘的人看成跟我是一体，完全没有自他对立，我也能给他慈悲，就更困难了。

第四，清高自视易，拙朴处世难

能力好、资质优秀的人，一不小心，就容易自命清高、自负不凡，自觉了不起。所谓"藏锋要比藏拙难"，聪明的人，能拙朴无华处事，用淳朴厚道处人，就更难得了。因此，真正潜藏不露的，正是能拙朴应世，大智若愚，大巧若拙的智者。

过分之弊

一个人做人做事不及，固然不好，可是做得过分了也不好。中国古代哲人以"天道忌盈"给我们以忠告，凡事物极必反，过分了就会有障碍。"过分之弊"有四点：

第一，过分耿直则迂腐

做人要正派耿直，但是有的时候太过耿直，不能圆融方便，几近迂腐，就有所欠缺了。譬如有些人对自己的才能自视过高，以致"有志难伸"，或是大叹"生不逢时"，甚至抱怨"世风日下，忠佞倒置，无一可取"。然而社会、时代固然有其背景，从另一方面看，有时也不能不归咎于过分耿直的性格。

第二，过分执着则障碍

择善固执是做人处世很好的原则，有的时候过分执着，就会障碍重重。比方大众集会时，人家倒茶，他却非开水不喝，这岂不是太麻烦别人？到朋友家作客，主人端了一碗面，他却认为要吃饭才算礼数。吃饭能饱，面也可以果腹，为什么一定要执着于自己的习惯呢？所以，太执着于某一件事情，反而让自己在做人处世有了障碍。

第三，过分清高则做作

有的人自命清高，不愿意和凡夫俗子交往，不愿意住乡村陋巷，自己认为不好的人事，都不愿意亲近、往来，甚至为了一个座位、一个职称，心中生出许多的分别和计较。所谓"水清难养鱼"，这种自以为清高，不能随缘的人，让人感到做作，不近人情，因此也会丧失人缘，乃至惹来麻烦，成为做人处世的障碍。

第四，过分奢华则损福

今日科学发达，文明进步，经济成长，物质丰富，人们的生活不断跟着改变。人一生的用物多少是有限的，不能因为物质富有，就过分奢华浪费，过分奢华，就是在减损福报。

因此古人说："人生衣食财禄，皆有定数，当留有余不尽之意。故俭约不贪，则可延寿；奢侈过求，受尽则终；未见暴殄之人得皓首也。"

有道是："不吃过头饭，不说过头话。"凡事"过"了，就不好了。这"过分之弊"我们应该要去除。

虚实之间

在这个社会上，有的人做人实实在在、踏踏实实，一点都不造假；但也有的人虚虚伪伪、巧诈奸滑，虚假靠不住。所谓真亦假来假亦真。在每一个真假、虚实之间，我们如何辨别真伪呢？这"虚实之间"有四点参考：

第一，过谦者宜防其诈

谦虚固然是美德，但是过分、不得当的谦虚，就成了矫情，就不得不让人注意，可能这其中或者有诈。如《汉书》中班固批评王莽的儒行为恭俭，即是欺世盗俗，窃取刘汉天下。过分谦虚的人，擅用以退为进的诈术，博取他人的欢喜与信任，来达到予取予求的目的。俗言："黄鼠狼给鸡拜年"，过谦者除了让人防备外，还会被人讥为畏缩，没有担当，不能成就大事，而失去机会。

第二，过默者宜防其奸

俗话说"沉默是金"，但过分地沉默，当讲不讲者，这就令人不得不小心了。台语俗谚："惦惦吃三碗公。"类似真人不露相的意思。宋朝大文豪苏东坡先生亦云："人之难知也，江海不足以喻其深，山谷不足以配其险，浮云不足以比其变。"一个喜怒不形于外的人，内心城府深沉，应笑不笑，看不出他生气，脸上没有表情，不知道他葫芦里究竟卖的是什么药，也无从知晓他内心的看法、想法与计谋，因此，过分沉默的人，我们宜防其奸滑。

第三，过满者宜防其虚

社会上我们常常会遇到一种人，说话的时候，总是自信满满、信誓旦旦地吹嘘、标榜自己人格伟大，事业成功，做事能干，如何了不起等……有的时候太过自夸，让人不得不注意他的虚而不实。例如有公司、财团过度宣传，虚报公司资产，向银行超贷，最后落得周转不灵，投资人血本无归；也有人吹嘘自己得到神通，或自称"无上师"，使佛法沦为怪力乱神、诈财骗色的宗教，而遭到社会的误解与指责。因此吹嘘、自我膨胀、自我宣传，是让人靠不住的。

第四，过躁者宜防其伪

如果一个人过分急躁、烦躁，什么事情好像很不安的样子，这你也不得不提防。因为太过急躁的人，或许是另有企图，或者蒙骗的行为。就像有些不肖子，哄骗父母将房产过户，等目的达到了，就弃父母于不顾；也有些具有争议性的法案、条款，立法单位却急就章快速通过，审核过程粗糙，其目的不得不让人民心起疑惑了。

所谓害人之心不可有、防人之心不可无。因此，一个人究竟是虚伪的呢？还是诚实的，我们都可以用这四点评鉴一下。

变易难久

《八大人觉经》是佛陀教导大家应该觉知思维的八种方法，第一条就是"觉悟世间无常"。所谓无常，就是世间没有永远不变的事情、东西。好的东西、好的境遇，无法永远不变；不好的东西、不如意的境遇，也不会永远不变。无常不是不好，能真正体会无常的真意，就会激发出信心来。比方，我虽然贫穷，只要我肯勤奋努力，就会改变，因为"穷"是无常；我虽然笨拙，只要我肯认真学习，就能灵巧，因为"笨"也是无常。从无常观体会世间事物，会发现任何现象都是变易难久，有以下四点说明：

第一，诈伪不能久长

虚伪诈骗只能是一时的，即使用尽心机、巧设计谋，也只能欺人一时，不能欺人一世，西洋镜迟早总会被人拆穿。虚伪欺诈经不起时间的考验，不能长久。因此，还是老老实实做人，本本分分做事，才是处世之道。

第二，空泛不能守持

有些人一心追求神通，听信奇迹；有些人相信成功有快捷方式，鄙夷步步踏实的努力；有些人只求速成，不愿按部就班地用功。

其实，神通靠潜心修行而得，奇迹靠心诚意笃的感应，成功亦在出力流汗之后，才真正属于自己。妄想不劳而获，奢求一步登天，都是空泛不实的念头，犹如镜花水月、龟毛兔角，本来就不存在，如何期望保有、守持？

第三，朽木不能雕塑

虽遇巧匠，朽木难雕。朽坏的木材，即使用昂贵的金饰涂里，请高明的艺匠削磨，也难以雕成真正的艺术品。朽木既不能雕塑，就承认、接受它的变易与腐朽，让它成为柴薪，或成为腐植、堆肥，发挥最后的价值，而不一味强求它成为不朽的艺术品。

第四，情爱不能不变

一般人谈情说爱，总执着这个情爱是永恒的，发了海枯石烂、此情不渝的盟誓。这也不可能的。情爱本身也是虚妄无常，变化多端的，因此不可太相信它应是永恒、不变。有缘相处时，真心真意地好好对待；缘尽情散时，保持风度地各自奔赴前途，这样才是对待情爱的正确观点。

佛经中也说："国土危脆，四大苦空，五阴无我，生灭变异，虚伪无主。"了解这个世间的变易难久，建立起无常的正确认识，遇到生命中任何不可逆转的变化时，就不会仓皇无措。有一些虚妄不实，是由于错误的认知所带来的痛苦。

卷四 ｜ **教导后学**

如何教导后学？

最重要的还是为人父母、老师、长官者，

以身作则，让子弟、学生、部属，

有学习模范的榜样，可以达到教导的成效。

谁最好

一般人总以为"是我的""对我有利益的""待我好的"，谁就是最好。但是所谓"良药苦口，忠言逆耳""路遥知马力，日久见人心"，不管人事物，都必经过一番的考验，才能见真章。关于"谁最好"有四点意见：

第一，儿子好不如媳妇好

"望子成龙"是天下父母心，无不希望儿子将来都能成大器，因此给他最好的教育，对他百般好，就怕恨铁不成钢。但是做父母的，更要待媳妇好，不要以为媳妇是来抢儿子、抢家产，把她当成外人，甚至二等公民来看待，这是不对的，有句话说："家里出了贤嫂嫂，满村姑娘都教好。"出了好媳妇，这家人的家风懿行会令人赞叹；对待媳妇好，会更显出父母的美德。

第二，女儿好不如女婿好

身为父母，女儿嫁到别人家后，还要挂念女儿在夫家过得好不好、有没有受到委屈。当女婿、女儿回来时，总是与女儿比较亲昵，与女婿比较疏远。其实做父母的，除了待女儿好，更要待女婿好。你待他好，他会感动，更能体贴你的女儿，如同亲生儿子般地孝顺你。所谓"爱人者，兼其屋上之乌"，更何况你爱女儿，也就更要爱女婿了。

第三，待己好不如待人好

《论语》说："放于利而行，多怨。"一般人行事，大都以自我为中心，利益是我的，好处是我的，只要有好的，自己就贪取一点，别人有没有、好不好，也就顾不了那么多了。但是世间是"同体共生"，生命是一体，只有自己好，别人都不好，自己也无法单独在世间生活。如果将大众看得比自己还重要，大众也会同样尊重我。任何人在团体里要与大众融和共存，也唯有"待人好"才有前途。所以，待自己好，不如待别人更好，待人好就是待自己好。

第四，尊荣好不如淡泊好

大多数的人都想得到富贵荣华，得到他人的肯定赞美，拥有崇高的尊荣地位。但是所谓"大名之下，难以久居"，这些都还是外来的、是别人给予的，一旦遇到人我、挫折、考验，可能就失去了。生命中比尊荣更重要的东西，就是"淡泊"。《禅林宝训》说："知安则荣，知足则富，避名全节，善始善终。"唯有安于淡泊简朴，才能长久，自然无欲则刚，才能做一个心灵大富贵者。

俗话说"宰相肚里能撑船"，我们的心量能容宇宙，三千大千世界就在我们的心中；心中能容下每个人，待人好，谁都是最好。

难能可贵

南宋妙喜普觉禅师说，寺院的住持当家之所以不容易，是因为"要在终其大舍其小，先其急后其缓，不为私计专利于人"。一个人能为了顾全大局，牺牲自己的利益，在是非混淆、价值观念逐渐模糊的社会，出淤泥而不染，同流而不合污，乃至慈心待人、孝养父母、尊师重道等等，这都是非常难得可贵、值得人们称誉的。在此提出四项修养上的"难能可贵"：

第一，牙齿以坚硬易毁，故至人贵柔

老子去探老师常枞，并请教遗训。常枞告诉老子说："舌之存，以其柔；齿之亡，以其刚"。我们口里的牙齿是坚硬的，舌头是柔软的，但是人到老时，先掉的，却是坚硬的牙齿。又好比水最柔软，却能穿石，负载船舰，可知柔软也拥有坚强的特性。所以，有德之人，其处事的妙方不外是"常住柔和忍辱法，安住慈悲喜舍中"。

第二，刀刃以尖锐快摧，故至人贵浑

憨山大师《醒世歌》说："从来硬弩弦先断，每见钢刀口易伤。"绷得太紧的弓弦，常常应声而断；锐利照人的刀刃，更容易受损。一个人如果常常以强硬的态度处事，容易自伤伤他。因此，有德之人处世应稳重含蓄浑厚，事事能为他人留个转圜的余地。

第三，神龙以难见称瑞，故至人贵潜

有云："神龙见首不见尾"，因为不容易见到，所以神龙出现，就显得祥瑞。《易经》有句："亢龙有悔"，意即告诫世人，一帆风顺或养尊处优时，切忌自满骄傲，否则很快就会尝到败落的滋味。有德学人，深知韬光养晦的功夫，即使聪明绝顶、才华盖世，也懂得谦逊恭让。所谓"大盈若冲，其用不穷"，凡事不轻易张扬、表露，其福德因而得以绵长。

第四，沧海以汪洋难量，故至人贵深

泰山不辞细壤，故成其大；沧海不择细流，故成其深。稻禾不经雨滋日晒，不得饱穗；梅花经过霜雪凛冽，始得清香。人也需要一番努力锻炼，才会有所成就。有德学之人，知道"养深积厚"的可贵，因此，越是饱学，越谦冲自牧；越是高明，越深藏不露。

我们虽为凡夫，但是只要努力修养心性，也能拥有这四种难能可贵的特质。

不回来的东西

春天去了，有再来的时候。太阳落下，有再升起的时候。我们的一生当中，有许多东西是一去就不再回来的。这里有四点意见提供：

第一，泼出去的水

一盆水，一旦倒了出去，无论用什么方法，也无法完全从地下再舀回来。同样的，一杯水，翻倒在桌子上，也无法收回来。总之，一件好物，不能随便丢弃，形同浪费；一杯好茶，随意把它泼出去，实在可惜；一件好事，弄得不得回头，届时后悔也来不及。因此，点滴诸事都要珍惜。

第二，说出口的话

过去有人说："一字入公门，九牛拔不出。"一个字，送到公家机关里，要再把它拿回来是不可能了。同样的，我们无心说出去的一句话，要把它收回来，可能吗？即使你道歉，人家表面可能退让，但总是介意在心。等于是一块白布上，泼了一点墨，无论怎么洗，它还是会留下斑点痕迹。所以，话不能乱说，无论文字言语，都要谨慎。

第三,消逝的光阴

朱自清说得很好:"燕子去了,有再来的时候;杨柳枯了,有再青的时候;桃花谢了,有再开的时候;聪明的你告诉我,我们的日子为什么一去不复返呢?"我们的人生,多少时光,一去就是永不回来;今天过了,就不会再回头。真实的生命,就是光阴、就是时间,当下的这一分、一秒,是不会再有的,所以,"一寸光阴一寸金",一定要爱惜光阴。

第四,错失的机会

机会如光阴,稍纵即逝。一个成功的人,不但把握每一个机会,甚至是主动创造机会,辛勤耕耘。西谚云:"天才是时时刻刻寻找机会,他们愿做别人不愿做的工作,他们永远不怕做别人从来没有做过的事。"所以,我们认为是天才的人,其实是他们比更多的人付出把握机会努力的。

"珍惜福报才会更有福报;珍惜因缘才会更有因缘"。一个有智慧的人,不但会珍惜手中的福德因缘,更不断创造出更多的好因好缘,自然会成就一番大事业。以上四点,只要把握住生活中点滴因缘,不随便破坏,进德修业,终会有所成就。

"藏"的大用

"藏"有所保留，"藏"有所涵养；自古书法大家皆说，用笔藏锋，锋若不藏，字则有病；文人学者的传世大作，也是要藏诸名山，待后世有缘者发扬光大。藏，看起来隐晦，看起来保守，其实它有大用，什么大用呢？有四点如下：

第一，幽兰藏于深谷

兰花习润忌日晒，喜风避冷寒，自古因深藏在山涧泉边，以幽香淡雅弥久，而有"王者之香"的美名。所谓"崇兰生涧底，香气满幽林"，假如兰花生在纷纷扰扰、嘈杂不安的环境里，就闻不到它的暗香远飘，也显不出它的高雅珍贵，因此说"幽兰藏于深谷"。

第二，宝玉藏于琢磨

一块璞石，在不懂的人看来，以为只是一颗普通石头，只有认识者才知道内藏宝石。是璞玉者，就要给予琢磨；给予雕琢，慢慢地才能放出光芒，成为非凡的宝玉。因此古人有云："玉不琢，不成器。"再好的宝玉，也都要经过琢磨，才能显其价值。

第三，大器藏于晚成

是大器之人，要时间慢慢地养深积厚，是有用之才，也要慢慢地培养声望。好比山里的树木才二年、三年的，把它锯下来，只能当柴烧；是十年、二十年的，可以用来做桌椅；如果是百年以上，就可以做栋梁了。所以有一句话说："君子藏器于身，待时而动。"只有沉得住气，才能成才；能够韬光养晦，才成大器。

第四，显达藏于谦卑

竹愈高，愈是弯腰；穗愈饱，愈是低头；一个真正显达的人，愈是谦卑。反之，我们看到很多暴发户，一下子显达了，就吆五喝六、耀武扬威，那是不会长久的。"良贾深藏若虚，君子盛德，容貌若愚"。真正的显达，愈是谦卑，愈能长久。

人有才华很好，但才华不要轻易暴露，等于传世宝贝，也不能轻易曝光，否则就有危险了。一个人过度出风头、过度张扬自己，反而不利，好比黔驴之技，让人家看透你的本领，反而不尊敬你。只有深藏不露的人，才是有所实力、有所得用。因此，人要有一点含蓄、含藏。这"藏"的大用，有妙处无穷。

无的功用

无，不是无用，无用才是大用。你看，眉毛有什么功用？不能看、不能吃、不能呼吸空气，但它就是得长在眼睛上面这个地方，否则就不像个人，这就是它的大用。"无"也可以从另外的层面去认识，你体认苦海无边，才知回头是岸；你了解世事无常，才懂珍惜因缘；因此，无也有它的功用。有哪些呢？有四点如下：

第一，无病身心健

只要不生病，身心健康，我就能做事、能服务、能帮助人。像慈济医院、云水医院，除了云水到乡间村落，为偏远地区的患者服务外，另外一个理念就是让有钱的人、健康的人出钱，替贫穷的病人出钱治疗，让无病的人，为无人照顾者服务。这种"无病"，有更大的意义。

第二，无债一身轻

有谓"怕见的是怪，难躲的是债"。你负债累累，压力就大了。无论是金钱的债、文字的债、人情的债、承诺的债，甚至答应人家的一句话讲出来，都是一种债。你把债还了，没有积欠了，所谓"无债一身轻"，那真是人生一大自在乐事。

第三，无仇全家安

俗语有谓"圣人化仇恨为增上缘"，有了仇恨，心头难消，念头都是报仇；有了仇恨，就是君子，也不容易释然放下。你结了仇，白天夜晚都不安宁；你结了怨，时时刻刻如坐针毡。因此，不要轻易跟人结仇结怨，"得饶人处且饶人"，没有仇怨，全家大小都平安。

第四，无灾享太平

天灾难预料。大自然的台风、地震、水灾、火山爆发等，即使科学昌明，可以事先预测，有时还是叫人难以预料；可是人祸却是可以避免的，小心火烛防火灾；远离财色，防血光之灾；和谐尊重才能避免争战。少灾少难，人人期待；无灾无难才可以享受太平之乐。

所以，"无"字很有意思，不一定从"有"的上面去获得。从"无"上，获得的功用更多，无病、无债、无仇、无灾，甚至"无罪心头轻，无畏自在行"，这个"无"比"有"更好。我们不妨从"有"的生活里，跳脱出来，从另外一种角度，体验"无"字的功用。这个四点"无"的功用，大有价值。

警觉之要

生活要时时怀有警觉心。警觉世间无常，就会爱惜时光；警觉人情冷暖，就知道谨言慎行；警觉世间的忧悲苦恼，才能提得起、放得下。如何提高人生的警觉？有四点需要：

第一，要安而不忘危

人生活在平顺稳定的时候，往往会忽略了各种潜在的危机，一旦危险发生，则来不及应付，所以平时应有忧患意识，以防患未然，不致留下遗憾。飞鸟类在未雨之前，就懂得修护巢窝；临冬前的动物也知道要储存粮食，唯恐冬雪不便；同样的，人在拥有财富的时候就应广结善缘，布施贫乏。有朝一日，当你有困难的时候，自然就会有人来帮助。

第二，要存而不忘亡

世界上许多功成名就的人物，年老时仍不愿交棒给后人，未能将身后事处理好，让如日中天的事业而告中断，甚至百年后，儿孙为了争夺遗产，弄得乌烟瘴气。因此，当我们身体康泰的时候，就应该想到生存与死亡只是一线之隔，死亡无时无刻不伴随在我们身边，人不能只想求生，却不预作死亡的准备，一但事实昭然，就措手不及了。

第三，要治而不忘乱

唐朝大医家孙思邈说："古人善为医者，上医医未病之病，中医医欲病之病，下医医已病之病，若不加心用意，于事混淆，即病者难以救矣。"意思是说从事医护之人要有"预防重于治疗"的观念；中国古圣先贤治理天下，常常有"先天下之忧而忧"的胸怀；佛教治心亦然，教以止观，洞察心机之始。因此，处于顺境时，应有遭受逆境时的预备和防范，方能临危不乱。

第四，要得而不忘失

人生在世总有得失，即使甜如蜜的爱情，亦如流水，时而载舟，时而覆舟；纵使富比王侯，十年风水转，黄金变粪土，将相公侯变成阶下囚。所以明朝憨山大师《劝世文》说："荣华总是三更梦，富贵如同九月霜。"杜甫《缚鸡行》载："鸡虫得失无了时，注目寒江倚山阁。"

世间无论什么东西都不是永恒存在的，因此，对于人、事、物的无常变化更应该提高警觉，身心才能获得保障和平衡。

情感表达

人是感情的动物，生活起居、往来之间等，都要用情感来表达。例如中国人用微笑、握手表达，西方人惯以献花、拥抱表达，佛教徒则用合掌、爱语、赞叹来表达。但是，也有人用情绪化、憎恨、恶口，甚至暴力来表达感情。感情如果没有理智来领导，不但别人不欢喜，自己也不好受。因此如何将自己的感情表达得宜呢？有四点贡献给大家：

第一，要感性更要理性

我们立身处世，太过理性显得冷冰冰，过于感性又太过热哄哄，容易冲昏自己。感情处理不当，变成染污、盲目，人心的自私、烦恼、伤害等，就会因此引发。

乃至有时候自己跌进火坑里，都还不知道错在哪里。因此，理性时，要带一些感性来圆融；感性时，也需要有一些理性来驾驭，合乎中道才能安全。

第二，要看开更要看透

佛教讲"缘聚则生，缘散则灭"。情爱本身也是因缘聚散，不可能永恒不变。因此，有缘相处时，彼此真诚对待；缘尽情散了，保持风度各奔前程。只有两个人的感情世界是非常狭隘的,何必钻牛角尖,想不开、看不透,只为某一事、某一人烦恼,甚至造成无可挽回的悲剧? 不如将感情的窗子打开,把爱的对象扩大,才能看到更多美丽的人间风貌。

第三,要乐观更要达观

人一生大半都受情感左右,无论人际往来、是非得失,甚至生死存亡中,都有喜怒哀乐,我们要以什么样的情感面对,就在于我们的选择。

如果每天愁云惨雾,日子怎么好过呢? 不如换个角度,把乐观、欢喜带给别人,不要把烦恼悲伤传染给别人,才会有快乐的感情生活。

第四,要开发更要开心

感情如土地,需要开发,才能培植、成长。对父母的感情要开发,才懂得感恩孝顺;对儿女的感情要开发,才能发挥父爱母慈;对朋友的感情要开发,才懂得奉献包容;对国家社会的感情,要开发才能爱国爱众。因此,我有慈悲,就将慈悲开发出来;我有欢喜心,就将欢喜心开发出来;我有信仰,就把宗教情操开发出来,这样人生就会充满乐观开心。

古人云:"精诚所至、金石为开。"对人有真实的情感,就能真诚待人,以慈悲、关怀的真心去帮助别人、提携别人。言行都是真情流露,慢慢地就能近悦远来,连顽石都能为真情所感,何况是万物之灵的人类? 能以上述四点来面对,我们的感情会开阔与升华。

教导后学

佛陀的教学方法有"观机逗教""应病予药"，意指是什么样的机，就给什么样的教；是什么病，就给什么药。孔子的教学法讲究"因材施教"，佛陀的教学法是"观机逗教"，这都是针对每一位学生的资质给予指导。以下六点意见：

第一，苛薄者，教以宽厚

苛薄的人，言词锐利、小气吝啬，时常在不经意时候得罪他人，甚至无形中失去许多朋友、助缘。这时候，要施予"广结善缘"的教育，从宽厚待人当中，培养开阔大方、与人为善的气度。

第二，暴戾者，教以温和

如果子女行为凶残，表现粗鲁暴戾，要设法让他学习慈悲温和的性格。有许多儿童，常常在夜市路旁玩弄小鱼、小虾、小鸟，这种不尊重爱惜生命的态度，长大以后，杀人做坏事，不就是这样养成的吗？因此，从小导以温和的教育，非常重要。

第三，浮华者，教以诚恳

浮华的性格，表现于外是虚荣、奢侈和势利，潜藏于内是贪婪、傲慢及矫情。这样汲汲追求荣华富贵，即使成为社交名人，也难保不遭大众的批评轻视。所以，应该教导后辈子弟，虽然身处繁华虚浮的世界，也要掌握自己的原则和立场，学习诚恳的态度，才不致于迷失自己。

第四，肤浅者，教以含藏

肤浅，就难以厚实；短视，就难以看远；因此，要协助他含蓄内敛，养深积厚，不必急于表现自己，暴露自己的弱点。能够学习深藏谦虚，才是修身之法，保身之道。

第五，轻浮者，教以持重

有些子弟信心不够，言语轻薄，态度轻浮，或者以种种奇异装扮，极力博取他人注意。这时，要想方法给予信心，启发他的特质，教以端正庄重，不可随便。所谓"老成持重"，自尊自爱，才能获得他人的尊重和重视。

第六，烦躁者，教以宁静

常常内心不能安定，性格过于烦躁好动的人，可以教导他学习宁静。例如许多学校，在上课之前，让学生静坐 5 分钟；许多团体，在开会之前，让会员打坐 3 分钟。所谓"宁静致远"，由静而定，可以发挥更大的力量。

如何教导后学？最重要的还是为人父母、老师、长官者，以身作则，让子弟、学生、部属，有学习模范的榜样，可以达到教导的成效。

忠告之要

所谓忠告、谏言，是正面的、是纠举的、是规劝的、是建议的、是训诲的。然而，忠言逆耳，良药苦口，忠告要能令人堪受，若听者无法接受，不能达到目的，不但无济于事，反而适得其反。因此给人忠告时，表达要得体，不能让对方觉得你在羞辱他、找他麻烦，不能令他心生反感。因此，对于一句好的谏言，如何让对方接纳，又能对症下药，这是一门大学问，更是一大技巧。

如何给人忠告呢？有四点意见：

第一，切莫数落对方的缺点

我们对别人忠告、谏言，要委婉曲折，要让他欢喜接受；不要一再强调、指责对方的缺点，不能一味地批评、数落对方，否则他承受不了，便不容易接受你的忠告。

第二，切莫流于说教的形式

我们忠告对方，要让他觉得受到尊重，而不是在对他说教，也不是开示，更不是指责，而是分析。所以，谏言不可以流于说教的形式，才是最好的忠告。

第三,切莫尖酸刻薄地挖苦

我们给人忠告,态度要诚恳,立意要善良,而且语言要婉转,千万不能让对方感觉你说话尖酸刻薄,指责太严厉,批评太苛求,否则他心生反感、排斥,那就失去忠告的意义了。

第四,切莫拂逆对方的心意

我们要摄受别人,给予对方忠告时,必须先施以"同事摄"和"爱语摄",要站在对方的立场表达,让他觉得你了解他、懂得他,而不是在拂逆他的意思,让他觉得你很体贴、值得信任,他自然会接受你。所以,不逆人意,才能做一个最好的忠告者。

给人谏言,要有勇气;接受别人的谏言,则是一种智慧和美德。历史上,魏征之于唐太宗、孟子之于梁惠王、缇萦之于汉文帝、邹忌之于齐宣王……等,前者的勇于谏言与后者的雅量纳谏,皆被后人传为美谈。在佛教里所谓的四摄法门,是菩萨度众时的权巧方便,视众生根器、喜好的不同,令之转迷成悟。受教者固然应该如"虚空"一般,接纳一切,方能容受、学习所有的事物;施教者,也必须像"虚空"一样,无所不相,才能达到同事摄受的效果。

饮酒的过失

在我们的社会当中，喝酒的人不少，在社交场合，也常以鸡尾酒品酌，以示礼仪。但是，时下之饮酒丑态百出，比如划拳劝酒、强制喝酒、赌注喝酒等，不仅危害身体、危害理性、影响社会善良风气，尤其因为喝酒破坏人伦、延误大事、害身丧命者不少。佛经说饮酒有三十六种过失，今列举四点如下，实应为戒。

第一，颜色恶，力气少

喝过酒的人，面红耳赤，脸色难看；喝醉酒的人，胡言乱语，四肢无力，连走路都要人家搀扶。更有甚者，体态莽撞，四肢挥舞，乃至不慎跌入水沟，破伤颜面，血流满身，四仰八叉，东倒西歪的样子，好似个活死人，实在令人不忍睹之。

第二，眼不明，言不顺

喝酒过多，舌头结巴，语意不清，话不流利；酒后驾车，河流当作马路，自寻死亡。还有甚者，眼睛模糊，丑态百出；醉后多话，不但把自己的隐私向人吐露，还把朋友的隐私，随便说出来，乃至指天骂地，不避王法，最后招致无可挽回的恶果。

第三，相嗔恚，神不清

喝酒过量，犹如狂人，嗔恚凶恶，随意抛掷家中杂物，惊动左右四邻，人见人怕，不敢靠近。醉后神智不清，面色萎黄，呕吐的样子，把做人的基本举止道德、人格神气，统统都丧失殆尽，可见饮酒过量的危害有多大。

第四，名声坏，疾病增

凡是好饮宴喝酒的人，都会遭受批评，名声败坏；凡是好酒之人，因为酒量过多，必定会引致疾病，使身体衰弱。此外，喝酒的人，经常结交酒肉朋友；喝酒之人，妻子憎恶其状，想方设法与之远离；饮酒过分，违犯国法，监狱有分；饮酒之人，减损福报，受苦无穷。

既然如此，为什么我们做人要为了逞一时"饮酒"的口腹之欲，而把自己的六根弄得颜色恶、力气少、眼不明、言不顺、神不清、增疾病呢？所以，不要小看一杯酒，它对于一个人的损害，不可估计。饮酒的过失，实在不可不慎。

聚集

一般人都希望自己拥有无限的财富、崇高的地位，因此，存款愈多愈开心，土地愈广愈过瘾，人气愈盛愈风光。但是，所谓"福兮祸所倚"，一味贪多、求好，表面上是拥有，实质里却有无尽的烦恼。不过，若努力聚集的是德性、慈悲、戒行，那么，积累的就是无上的福德因缘。关于聚集，提出六种看法：

第一，聚财招祸

有些人一辈子为了钱财忙碌，等到财富积聚够多了，却已发苍苍，视茫茫，行将就木，如《醒世诗》说："朝朝暮暮营家计，昧昧昏昏白了头"，岂不悲哀！如果为了钱财，铤而走险，作奸犯科，应了俗话说的"人为财死"，就更不值得了。

第二，聚贪招怨

有的人非常贪心，物品、房屋、土地，凡是在眼前的，都想据为己有。但是，世上的物质就这么多，你得到了，就表示别人无份。因此，若是一个人占尽所有的好处，不懂得与他人分享，当然不免要遭到他人的怨怼。

第三，聚名招谤

名气大的人，虽然可以享受一呼百诺、随从如云的风光，却也因受到他人特别的注目，有时不免会尝到"树大招风，名高引谤"的苦恼。

第四，聚戒招誉

一般人遵守法律，修行人谨守戒律。世间的法律和出世间的戒律，都是端身正心的绳墨。奉公守法、持戒严谨的人，绝不会侵犯他人的利益，因此，在社会上或是团体中，总能赢得别人衷心的尊重和赞誉。

第五，聚慈招德

"慈能与乐，悲能拔苦"。佛教中有位笑眯眯的弥勒菩萨，不仅每间寺院供奉它，佛教徒欢喜信仰它，甚至没有信仰的人，也喜爱将它放在厅堂作镇家宝，那是因为弥勒菩萨有着无限的慈悲，让大家都欢喜。同样的，我们如果常常布施欢乐给别人，救济他人于苦难，也能积累拔苦与乐的功德，而得到他人的欢喜。

第六，聚德招福

《阿弥陀经》说："不可以少善根福德因缘得生彼国。"不仅求生佛国需要具足福德因缘，要成就世间任何事，也都需具备福德因缘。而最快速的积福方式，就是聚德；一个人道德愈好，福报就会愈大。

每一个勤奋的人，都知道要聚集。普通人努力积聚财富；聪明人除了财富，还费心聚集名利地位；有智慧的人，则懂得唯有积德、集慈、聚戒，才是最明智的聚集。希望大家都能做个有智慧的人。

不如

"不如"，是一种比较，例如常听到的"百闻不如一见""求人不如求己"；"不如"也是一种超越胜过，例如"得黄金百斤，不如得季布一诺""良田万顷，不如薄艺随身"。在我们日常生活，乃至言行处世中，要"不如"什么呢？以下有四点：

第一，市私恩不如扶公义

有的人和人相处交朋友，会施一点利益恩情给别人，不过，他却不是出于诚心真意，而是出卖私人的恩义，来博得他人对自己的好感，甚至给人一点恩惠，就要别人回馈感谢，这都是不如法的。《佛光菜根谭》说："利益均沾，莫以公物私惠亲友。"与其遮遮掩掩地施恩于私，不如坦坦荡荡地扶持公义，让光明正大的正义能够发扬。

第二，结新知不如敦旧好

人常"喜新厌旧"，因为"新"很好，新气象、新风貌。但"旧"也不一定不好，尤其人生道路上，老朋友是护持我们的最大力量。伯牙绝弦于钟期，是伤痛知音难遇；杜甫卧病长安，慨叹新友不似故交，雨天也会前来探视。"旧"里有情义、有历史，所以要更爱惜。

因此，结交新知固然好，但总不如对旧朋友多一点照顾。

第三，立荣名不如种隐德

拥有好荣誉、好名声，表现突出、立功立荣、得奖肯定，这都是努力进取的人生。但是如果以种种手段汲取，不如种隐德。什么是种隐德？就是积阴德，亦即培植一点不被人知道的福德资粮。给人助缘是积阴德，拔苦予乐是积阴德，甚至功成不居、不称己善，都是积阴德。袁了凡因为阴德改变命运，小沙弥因为阴德得以延寿；在不经意之中，阴德已为您积累了未来的善缘好运。

第四，尚奇节不如谨庸行

有时候，人总希望自己具有出奇的能力、特殊的气节、特殊的功勋，让人家赞美鼓励。然而，所谓"画虎不成反类犬"，如果没有特出的才能气节，还不如以谨慎、踏实、简朴的言行，来让人欣赏和放心。

所谓"与其坐待因缘行事，不如创造因缘机会"。生命的自我反省和立身处世的原则，不妨从这四点"不如"开始做起吧！

有不可者

不少经典里都提到各种的"不可不"，如"佛者不可不敬，经法不可不学，圣众不可不事""大愿不可不发，闻者不可不助""道不可不做，经不可不读""身口意不可不护"……活在世间，处在群众中，有些事情，我们也应有"不可不"的认识，让自己一则处众和谐，二则修养心性。

第一，我有功于人者，不可不忘

我们帮助别人、对别人好、对团体有贡献，这些善行、成就，不能常常挂在嘴上说，不能邀功，不能希望别人的报答。《金刚经》说："以无我、无人、无众生、无寿者，修一切善法，即得阿耨多罗三藐三菩提。"如果念念不忘自己对别人的好，不忘自己的付出，这样的善行，称不上是真的善行。因此，有功于人不可不忘。

第二，我有过于人者，不可不知

有时候我们得罪了人，在言词上使对方难堪，沾别人的光，占别人的便宜，即使人家未生气、未计较，我都不可不知。有些人对于自己的过失或疏忽，常以"我又不是故意的""言者无心，听者有意"等话来搪塞，这是很不好的心态。即使是无心之过，自己也应有所警惕。

第三，人有恩于我者，不可不报

《六度集经》说："受恩不报，谓之背明"；俗话也说："滴水之恩，涌泉报"，别人曾给我恩惠，在困难、紧急时助我一臂之力，在上司面前为我美言，人前人后讲我的好话，这些人情，都不可忘记，一有机会，就得想办法回报这些情意，这些恩惠。

第四，人有怨于我者，不可不和

战国时代，赵国的大将廉颇，认为上卿蔺相如抢了他的风采，对蔺相如很不满，屡次找蔺相如的麻烦，蔺相如则一再谦和退让，终于感动了廉颇。处于群众团体中，不管是真得罪人，还是对方因为误会，而对我们有怨恨之心、愤怒之气，一定要设法跟他道歉、和解，求得他的体谅。

施恩不望报，受恩不忘报，有过当立知，受怨当求解。任何人能做到这四点，不仅人缘日佳，品德修养也会日有所进，且能积累无量的福德因缘，成就无上功德。

想念

　　每天我们的念头总是起起落落，佛经里形容人的心念像瀑流一样，连续不断，如《宝雨经》云："妄心如流水，生灭不暂滞，如电刹那不停。"不论是妄想、梦想或是理想，每个人心里总有所系念，念头也有好有坏，要如何升华，转化念头，有四点提供参考：

第一，凡夫的想念是聚集

　　一般人每天所想念的是如何拥有更多股票、金钱、名位，拥有上等的豪宅、轿车、珠宝等等，这些都是欲望的聚集。除了系念物欲的追寻外，若能更以智慧作璎珞来自我庄严，自我升华，如《杂阿含经》云："凡夫染习五欲，无有餍足。圣人智慧成满，而常知足。"那才是难能可贵的。

第二，君子的想念是道德

　　君子的思念不是想得到金银财富，他会想到学问如何进步，道德如何长养，智慧如何提升，如同《论语》所云："君子食无求饱，居无求安。"常常省思"吾有德乎"。因此说"君子谋道不谋食"，好比颜回箪食瓢饮、不改其乐的精神，令人赞佩。

第三，仁者的想念是安邦

周公"一沐三握发，一饭三吐哺"，连洗发吃饭都不得安闲，一心一意为国求贤求才；范仲淹"士当先天下之忧而忧，后天下之乐而乐"，忧国忧民，以天下为己任，如苏洵所云："贤者不悲其身之死，而忧其国之衰。"仁者就是这样无时无刻不以国家前途为想念。

第四，道人的想念是救世

牧师、修女与僧侣以"弘法是家务，利生为事业"，他们所想念的都是救人救世、觉世忧民。如玄奘大师西行求法，鉴真大师东渡传戒，为世人留下典范。近代的太虚大师一生主张革除佛教积弊，以弘教护国，兴国救世；印度特里莎修女坚定的信仰与奉献的精神，发扬人性至善的光辉，都是不恋世间荣华，以法为重，以众为我，肩负起弘化救世的责任。

美国哲学家爱默生说："有怎样思想，就有怎样的生活。"佛教也说："三界唯心，万法唯识。"一个人心念常想的，便会造就他的人生与事业。

更新

"更新"是开发潜能，"更新"是不断净化，"更新"是自我的升华。身体需要新陈代谢，才能循环流转；四季需要更新交替，万物才能应运而生，我们的思想观念也要不断更新，才能有所进步。如何更新呢？有四点意见：

第一，从复杂中求取单纯

社会很复杂，人生也很复杂，或许三个人就有四种看法，让人觉得很复杂。声音多不要紧，能将世间万物提纲挈领，化繁为简，运用自如，就是一种智慧。尽管有很多异议，我们也可以单纯处理。思想单纯，不钻牛角尖，心灵才会清净；对自我利害得失不计较，才不会有烦恼，才能活得自在。

第二，从变化中求取认同

这个世界不但一天一天在变化，一时一时在变化，前一分钟与后一分钟，可能整个世界就不一样了。我们要从变化中委曲宛转，求取认同，但又能进步充实，保有真心，追求生命最高的境界，这样才能免于随波逐流，如同维摩诘居士的虽处居家，不着三界，不失本真。

第三，从多元中求取统一

现在的社会，有不同党派，不同事业，不同观念，佛教也有八宗之分，甚至佛国净土有东方琉璃世界、西方极乐世界等。尽管有多元的世间，自己可以从很多的差别里，求取自己心中的统一。《六祖坛经》说"生佛平等，自他平等"，懂得自他平等，明白万物都有因缘，就能从差别中求取平等，从矛盾中求取统一，从是非对待中超越，而发现一如的真相。

第四，从混乱中求取安定

我们每天一出门，就会看到很多混乱的现象，报章媒体也是众多的人我是非。在这许多混乱之中，我们可以学习陶渊明的"结庐在人间，而无车马喧"；程灏说的"眼观歌舞，但心不随境转"，从混乱中，找出自己安身立命的办法，不论做人处世，在混乱里，能明白真理，通达情理，就能安然自在了。

希望企业永续，必须观念更新，技术更新，方法也要不断地推陈出新；文化智慧，要世代交替，才能流传千古，生生不息；自我的生命，要如户枢不蠹，流水不腐，才能日新又新。

自他古今

在这世间，有许多的分别，人类有男女老幼，空间有上下左右，时节有昼夜冷暖，人生有荣枯善恶等，乃至人际有自他不同，时间有古今差异。在这么多的不同中，什么是"自他古今"的分别？以下四点说明：

第一，自家富贵不着心里

拥有富贵荣华，究竟是好是坏？其实都在一念之中。如果你太执着于有钱、有势、有功名、有利禄，就会介意、挂念，甚至为之羁绊，感到不胜负担。但假如你能拥有而不负担，随缘而不着意，"富贵于我如浮云"，那么，在你的世界里，什么东西都能容纳，就能逍遥自在，心的世界，也自然宽广无限。

第二，他人富贵不着眼里

他人的富贵，你歆羡吗？你贪图吗？假如是，你的心志就动摇了，日子就辛苦了，你会成天追逐这些而疲惫不堪。但如果你不将他人富贵着于眼里，好比"文官不爱钱，武将不惜死"的精神，在少欲知足的清净中，一样可以安身立命。战国时代黔娄，家徒四壁，能安贫守道；居陋巷的颜回，一箪食，一瓢饮，也乐在其中。唯有不受富贵诱惑，不因穷困而丧志，就能坚持信念，成就大器。

第三，古人忠孝不离胸中

忠孝是来自内心的感情良知，维系人际间伦理纲常。在佛教里，佛陀为父担棺，又以"亲族之荫胜余荫"感动琉璃王退兵，避免攻打祖国；目犍连救母离地狱脱苦海，舍利弗入灭前，返故里向母辞别；在历史上，岳飞精忠报国，关云长赤胆忠义，文天祥的忠肝义胆，处处显示古人的忠孝不离心中，更求忠孝两全。

第四，今人忠孝不离口中

忠孝是传统的美德，至今许多人却视如戏言，只是口上说给别人听，自己却不一定会去做。像现在，忤逆不孝的事件，时而闻之；甚至道德沦丧，不顾社会国家的事件，也经常见到，实在令人不胜唏嘘。

"今人不见古时月，今月曾经照古人"。时代不断在演进，古人美好的行仪，是今人效法的处世原则；世间虽众多纷扰，心中有原则，就不会在妄想分别的洪流中迷失。

增加什么

中国人过年，家家户户几乎都会张贴春联，以讨个吉祥与喜气。一般常见的春联如："天增岁月人增寿，春满乾坤福满门。"可见大家的心理都希望能增福增寿。其实，人生除了福寿以外，还需要增加的东西很多。人生到底应该增加些什么呢？有四点意见：

第一，对亲友，要增加一些关怀和照顾

人，不能没有亲戚，不能没有朋友，我们对亲戚朋友，应该多付出一些爱心，多给予一些关怀、照顾；我们给他们关心、照顾，从对亲朋好友的爱心关怀，推广开来，继而能对一切众生生起"无缘大慈，同体大悲"的慈悲之心，这就是"同体共生"的体现。

第二，对社会，要增加一些结缘和奉献

人在世间生活，都是受到社会大众的诸多因缘成就，才能生存。所以，我们对社会、对大众，要心存感恩，要懂得奉献、回馈；借此不但自己可以广结善缘，同时也是善尽对国家社会应有的责任。

因为众缘合和的社会，如果大家都能抱持结缘、奉献之心，"我为人人，人人为我"，就会形成一种善的循环，则社会必然一片祥和。所以我们对社会，应该多增加一些结缘和奉献，这是每个人应有的认知和使命！

第三，对做事，要增加一些主动和勤劳

主动参与、勤劳做事，这是积极的人生态度。一个人如果凡事被动，将会因此失去很多学习、成功的机会；一个人如果懒惰、懈怠，即使满腹才华，也无用武之地，如此与平庸无异。

因此，人不一定要聪明能干，重要的是肯主动学习、主动参与、主动助人、主动融入大众，并且勤劳做事，不怕吃苦，也不怕吃亏。能主动、勤劳，苦干、实干，这是成功立业的要件。

第四，对自己，要增加一些满足和快乐

人生最大的幸福，就是知足常乐，这也是每个人与生俱来、人人平等拥有的财富。但是有的人因为欲望多，烦恼随之而来，因此活得不快乐，这是人生最大的损失。一个人即使拥有万贯家财，如果活得不快乐，人生往往失去意义。因此，我们对自己要增加一些满足和快乐，而获得快乐最好的办法就是真心给人快乐。再者，懂得感恩知足的人，快乐也会随之而来，因为"快乐在满足中求，烦恼从多欲中来"，知足的人，才能常乐。

招殃

古人说："升天自有升天福，不是求仙便得仙。"人的福分多少，自有因果关系，如果不肯培福修德，只是一味地贪心妄求，有时不但"求荣反辱"，甚至为自己招致灾殃，所以"招殃"之事切莫妄为。有四点说明：

第一，贪图虚名者易招损

人多数都很好名，好名并非不好，所谓"三代之前唯恐好名，三代之后唯恐不好名"。有时候好名也是一种荣誉感，然而人要留得好名声，一定要实至名归，千万不可沽名钓誉。有的人贪图虚名，结果名不副实，到头来不但被人看轻，受人耻笑，而且名誉遭损，真是得不偿失。

第二，无德求福者易招谴

有人说道德可以"四两充半斤"，不过这是一时的；一个人有德无德，从他的心性、作为，日久还是会显露无遗。一个没有道德心的人，自己不修德，一心只想追求外在的福德因缘，比方说要人尊敬，要人拥护，但自己没有道德，自是无法令人服气，同时也将遭到别人的谴责、唾弃。

第三，无功受禄者易招辱

有功则赏，有过则罚；赏罚分明、论功行赏，这是任何国家、团体，乃至军队维护纪律的法则。过去古人讲究无功不受禄，现代的人则是恃功而骄，只要有一点小贡献，就希望获得表扬，就想邀功。甚至有的人没有功劳而妄求赏赐；没有功劳就受到奖励，反而给人看轻，这是自取其辱。所谓功劳、贡献，都应该是众望所归，如果有功的人，能够待人谦虚，不居功、不傲慢，在功成名就的时候，自谦、自卑、自下，则更为可贵。

第四，争名夺利者易招殃

名利，远观则能洒脱。但是，一般人的一生，总因名缰利锁而自我束缚、自我设限、自我封闭。一个人名利的欲望愈大，幸福的笑容愈少；名利的拥有愈多，生活的压力愈重。甚至有的人为了争名夺利，时时与人钩心斗角，最后终于招致无边灾祸。所以，做人要能淡泊物欲、看淡名利，才能自在、才能平安。

"祸福无门，唯人自招"。是福是祸，都是自己的行为所造作，因此"招殃"的原因，不得不注意。

取与恕

人皆有所长，也有所短，因此人和人相处，要观德莫观失。能够取其长而用、恕其短而容，则世上没有不可用之人。关于"取与恕"之道有六点：

第一，取人之憨，恕其痴愚

有时候我们看一个人很憨直，觉得这个人好像不是很聪明，不是很灵巧。不过没有关系，憨直的人你要欣赏他的宽厚，要包容他的痴愚，你可以交代给他一些不必临机应变的工作，只要让他听命做事，他一样可以胜任愉快。

第二，取人之朴，恕其笨拙

有的人生性朴实无华，他不会用华丽的言辞讨人欢喜，只是安分地守着自己的岗位。对于这种人，你要宽恕他的笨拙，进而要欣赏他的质朴。一个人能够保持朴素的本性，也是很可取。

第三，取人之介，恕其执着

有的人做事一丝不苟，做人更是正直不阿。对于耿介正直的人，有时候虽然稍嫌执着了一点，但这种人不容易为利益所诱惑，比较容易秉持正义行事，因此只要你能容得下他的执着，也是很可托负重任的人。

第四，取人之敏，恕其疏失

有的人做事很灵巧，反应很敏捷，不但动作快速，手脚利落，而且脑筋动得很快。只是有时候过分求快，难免在言语之间，或是做事方面显得不够周全。对于这种人，我们要原谅他的偶有疏失，要借重他的快速灵敏，让他发挥所长。

第五，取人之辩，恕其放肆

有的人对是非、善恶、好坏，总是分辨得一清二楚，而且经常放言高论，难免给人傲慢放肆之感。但对于这种敢言能言之人，我们不要嫌他放肆，应该取其辩才，发挥舆论的匡扶之功。

第六，取人之信，恕其拘谨

有的人很讲究信用，凡事实事求是；由于过分重信守诺，有时候显得不够圆融随和，不会通情达变，甚至给人拘谨的感觉。对于这种人，我们要接受他拘谨的一面，要赞许他重然诺、守信用的美德。

总之，人不可能十全十美，不可能样样都好。每个人虽有所短，必有所长，所谓"天生我材必有用"。所以，人不可以妄自菲薄，也不可以妄下论断，轻易判人生死，应该"但取其长，舍其所短"。

不足之患

人，都有无限的潜能，但多数人不懂得开发自己内在的能量，所以经常自感不足。因为能力、知识不足，因此走不出去，于是故步自封；愈是不走出去，就愈落伍，一生只有在原地里兜圈子。所以，一个人失败的原因，都是因为自己不足，因此造成遗憾。"不足之患"有四点：

第一，识不足则多虑

一个人的见识、知识、认识不足时，就容易产生疑心，且多焦虑、烦躁。例如一个落后的国家，在医药方面因医疗知识不足，因而降低了人民的平均寿命；在经济方面，因缺乏工商的技术知识，而降低了人民的生活所得；在科技方面，因新知的不健全，而降低了人民的生活水平。现代是一个物竞天择的时代，无论在人与人之间，或是国与国之间，都是竞争相较激烈的时代，每个人都必须终身学习，才能不断地提升自我的知识，才能免于被时代淘汰的忧虑。

第二，威不足则多怒

一个人如果威德具足，则能不言而善化他人；反之，一个没有威德的人，往往"言者谆谆，听者藐藐"，并且因他人不能信服自己，而容易生气动怒。人，要建立自己的威德，必须言行一致，所谓："君子欲言必行在先"，如果自己凡事以身作则，且能进德修业、庄重威仪，必能受众人拥戴，且在领众上，即使不怒也能服人。

第三，信不足则多言

《老子》说："信不足焉，有不信焉！"人常因为自己的信用不好，让他人产生怀疑，或是对他人的信誉不相信，而让自他产生怨言。例如对别人的信赖不足，就容易产生闲话与是非；对一件事情的信心不足，就容易前后踌躇，不知道该怎么决定，甚且容易产生埋怨与慨叹；对领导者的信任不足，就容易产生不拥护与意见纷歧。所以，信不足则多言。

第四，诚不足则多心

有时候人我相处，最重要的是靠一个"诚"字，诚信最重要。我对你很诚实，你怎么会对我不忠诚呢？我对你很诚恳，你怎么会对我不信服呢？所以交友、处事，重在一个"诚"字，如果诚信、诚恳不足，就连自己也要多心，人家怎么会接受你呢？诚信是尊重他人，诚信可为道德的准则，诚信是企业发展的基础，诚信也是市场营运的必备条件。老子所谓："夫轻诺必寡信，多易必多难"；反之，一个重诚信者，必定容易成功。

人，不怕自己不足，只要能"知所不足"，进而发奋图强；就像干电池，只要加以充电，有朝一日必能发挥能量。所以了解了"不足之患"才能面对他、改善他。

灾祸之根

在日常生活里,有时我们会遇到好事,偶尔也会遇到坏事。遇到好事就说:"今天好幸运!"遇到坏事则说:"今天好倒霉!"或是抱怨:"为什么厄运总是降临到我的身上呢?"其实人生的祸与福,各有其因缘。关于"灾祸之根",有四个原因:

第一,不重视亲朋故旧

对于亲戚、朋友、故交不重视的人,是属于自大我慢、不知感恩者。"羊有跪乳之恩,鸦有反哺之义",《诗经》也说:"嘤其鸣也,求其友声";牲畜尚且有感恩的孝心,禽兽亦有呼朋引伴的友情,人类难道能悖礼无德、不敬亲友吗?人,从小至大,接受友人的提携之情,难以计数;接受亲人的照顾之恩,浩瀚难报。如果不知感念,不重视亲朋故旧,则其人必会因此而亲疏远离,孤独一生。

第二,不相信因果报应

不相信因果为什么会招致灾祸呢?因为一个相信因果的人,当他动念想做坏事的时候,他知道为恶必受果报,就不敢随便造次;反之,不相信因果的人,为了自己的利益,往往不择手段,为所欲为,甚至肆无忌惮地杀人、抢劫、欺骗等坏事做尽。我们看监狱里的受刑人,不都是因此而锒铛入狱的吗？所以不要心存侥幸,因果"丝毫不爽,纤毫受之";不信因果报应,很容易招致祸患。

第三,不知道安贫守道

有一天孔子问颜回:"你这么穷为什么不去做官呢?"颜回说:"城外的土地,可以供我吃饭喝粥;城内的土地,可以供我穿衣;家里中的琴,可以让我自娱;老师的大道,给我无上乐趣,所以我不愿去当官。"知足才能获得平稳的生活,若能"不戚戚于贫贱,不汲汲于富贵",则能安贫守道;反之,无餍足的心,终将驱使自己贪求造罪,因而带来无边的祸害。

第四,不明白随缘随分

在生活中,不明白随缘随分的人,往往在因缘不具的时候,偏要妄求,而让自己徒增烦恼、压力与不愉快;有时该是随喜成就一件好事的时候,偏又不肯随缘,而让周围的人对你反感,自己也过得不快乐。所以,一个不随缘、又不随分的人,就是没有认清自己的本分,如此违逆自然,当然不会有好的结果了。

语云:"祸福无门,唯人自招。"一个人的遭遇好坏,与自己日常的所作所为有关。创造善因善缘,就是获福灭罪的机会;为非作歹,就是轮回受苦的因缘。

"有"之后效

"要怎么收获，先怎么栽"！凡事有什么"因"，就会有什么"果"；有什么样的条件，才能成就什么样的结果。了解先后的因缘关系，才能有次序地规划，从先后次序中获得更好的效果。所以，在生活中应注意自己的一言一行，尤其要慎防于因。"有"的后效，有四点看法：

第一，做事要有兴趣，然后才有乐趣

我们无论做什么事情，都要先培养做事的兴趣，有了兴趣，才能产生乐趣。兴趣，是忍耐的基础；兴趣，是热忱的动力；兴趣，是学习的泉源。凡事有了兴趣，就能激发求知的意愿，而能不怕辛苦，不计较利益多寡，不管成败得失，把做事当成是一种学习，从中获取经验、知识，且能体会工作的乐趣。

第二，为人要有正气，然后才有义气

做人要争气，不要生气。所谓"争气"，并不是争一时的傲气，而是争千秋的正气。有了浩然的正气，才能为国、为家发出大忠大孝的正义之气，如投笔从戎的班超、鉴湖女侠的秋瑾，他们都是由正气而发出了"虽千万人，吾往矣"的忠义之气。

第三，求学要有成绩，然后才有功绩

一般人无论做什么事情，都希望有好的成绩。如学生读书，要经过考试，有好成绩才能升学；公务员的等级，也要经过评鉴，有好政绩才能晋升等；社团的成效，也要经过评鉴，才能认定这个社团有没有绩效。而这些评鉴的成绩好坏，都是肯定你平时努力的多寡，所以读书求学、做人做事，都要有成绩才有功绩。

第四，交友要有慈心，然后才有真心

《过去现在因果经》提到，与朋友往来之道：见朋友有过失，要劝谏；朋友有好事，要深生随喜之心；朋友有苦厄，要不相舍弃，这就是一种慈悲心的表现。交朋友要有拔苦予乐的心，要能协助朋友从忧悲苦恼中解脱出来，并且能甘苦与共、生死不离，如此才能真心相待。

我们无论做事也好，待人也罢，都应该给人欢喜、给人信心、给人希望、给人方便；能够发自内心喜舍，有了好的因，才能利乐自他，才能圆满人生。

如何规劝

　　当一个人的言行有了过失或不当时，我们给予良言忠告或直言规劝，使之改正错误，即为"谏"。其实，谏的类型和方式，并非如此单一。古人为了勇于规劝对方，除了直言不讳者以言语劝谏外，也有以艺术形式委婉地进行劝说者。如北宋名相寇准的侍妾茜桃，为了规劝寇公体察民情，戒奢尚俭，以"诗谏"的方式，写下了《呈寇公》谏诗两首。又如清初画家蒋伊，以绘画代书，言事喻理为民请命，收集了民间疾苦和酷吏秽闻，创作了12幅画，于康熙十八年，斗胆向康熙进献，是为"画谏"。

　　中国向来自称是"礼仪之邦"，由于长期的文化积淀，交际言词崇尚委婉、曲折，而谏词则要求含蓄。时至今日，官民关系已发生了很大的变化，但是讲究进谏的方式和艺术，以求得规劝的最大效果，看来还是有必要的。因此，"如何规劝"？有四点意见：

第一，讲话要含蓄，切忌太露

　　当我们责备一个人时，用词要含蓄，最忌讳的就是太露骨、太过锐利，伤害了对方的尊严，这样不但不能被人接受，反而心生反感。所以，责人之过要让对方堪受，要给对方留有余地，让他能够接受;能够令人欢喜接受,这是规劝的先决要件。

第二,态度要委婉,切忌太直

当我们规劝他人的时候,态度不要太严峻、太粗鲁,有时候责备一个人,反而要对他更加有礼貌、亲切、委婉,不可以太过直接。如果你直言不讳伤害了他,让他不肯接受你的意见,那就失去了劝谏的初心。

第三,处事要圆融,切忌太真

做人处事最要紧的就是圆融,切忌太真,有时候做人太过方正,难免得理不饶人。因此,方和正固然很好,但是圆融更重要,因为凡事圆融一点,让人家在你的包容里,感觉到如沐春风般,对方便能体会你的圆融,接受你的善意。

第四,做人要宽厚,切忌太苛

做人处事的妙诀就是要厚道,最怕的就是太苛刻。小小的事情不要太计较,只要大事不糊涂,小事不必太介意。甚至在利益上,也要让人家多分一点,多得一点利益;假如你比他优秀,更应该多包容他、爱护他,不可太过严苛,让别人感受到你的宽厚,自然欢喜和你在一起。

古德云:"良言一句三冬暖,恶语伤人六月寒。"语言是传达感情的工具,但若运用不当,则成为伤人的利器;更何况给予他人规劝的话,又是最敏感的语言,我们说话能不谨慎吗?因此,会说话的人,首先考虑的是,一句话说出来,是否传达了自己的意思,对方能否欢喜接受,所以规劝也要有规劝的艺术。

有用的条件

人，都希望成为一个有用的人，除非是自甘堕落、不肯上进，否则没有人愿意做一个没有用的人。但是有用无用，就要看这个人愿不愿意被用，有的人虽然怀有一技之长，但是他不愿意为人服务，不愿意以自己的技能贡献社会、团体，像这样的人，即使有用也会变成没用。

反之，有的人虽然没有特殊的技能或本事，但是他很勤劳，又肯为人服务，所以大家都喜欢他，也觉得缺少不了他，而这样的人，即使没用也会变成有用。因此，什么才是"有用的条件"？有四点意见：

第一，要有高尚的品德

做人的根本，品德第一，所以一个人宁可以不聪明，没有能力，但不能没有高尚的品德。例如佛教讲慈悲喜舍、惭愧感恩，这是做人的根本；中国儒家讲三纲五常、四维八德，这是做人应有的品德。现在的社会，讲究守时守信、服务奉献，这都是美好的品德。乃至现在提倡不抽烟、不喝酒、不吸毒品、不涉足色情场所等，这些都是做人应该具备的品德。一个人如果光是有学问、才华，而没有品德，一旦走上歧途，结果聪明反被聪明误。所以，我们要想做一个有用的人，先要为自己确立高尚的品德。

第二，要有丰富的知识

一个人要想成功立业，丰富的知识是必备的条件之一。有时候成为专家、专才固然好，但是在多元化的现代社会，也不能不接受一般的通识教育；能够广博多闻，之后再一门深入，更能发挥长才。所以一个人要在社会上立足，对于世间的知识、个人修养上的知识、利众为人的知识，乃至出世间的知识，都应该博学通达。

第三，要有善良的性格

一个人的性格，可以决定一个人的成就。有的人很有才华、能力，但是性格孤僻，自私自大，难以融入人群大众，他的成就自然有限。所以，做一个有用的人，首先在性格上要能与人为善、从善如流，要懂得体贴别人、体谅别人、包容别人，在与人相处时，能够给人方便、给人空间，让人欢喜与你亲近，自然获得人望。

第四，要有健康的身体

俗语说："留得青山在，不怕没柴烧。"健康的身体是一切成就的基础；失去了健康，再大的抱负也难以施展。所以，一个人有了丰富的学问、高尚的品德及善良的人格之外，还要有健康的身体，才能发挥所长，成为一个有用的人。因此，平时的自我保健，是成功不可或缺的要素！

人，宁可无用，但不能无明；能够明理，而又有用，当然更好。